人情世故

李元秀 ◎ 编著

中国传媒大学 出版社
·北京·

图书在版编目（CIP）数据

人情世故 / 李元秀编著. -- 北京：中国传媒大学出版社, 2024.4
（2025.9 重印）
（新时代・新思维枕边书）
ISBN 978-7-5657-3560-8

Ⅰ.①人… Ⅱ.①李… Ⅲ.①人际关系－通俗读物 Ⅳ.①C912.1-49

中国国家版本馆CIP数据核字（2024）第020323号

人情世故
RENQING SHIGU

编　　著	李元秀
特约编辑	孙守正　田一鸣
责任编辑	温晓芳
封面设计	彭明军
责任印制	李志鹏
出版发行	中国传媒大学 出版社
社　　址	北京市朝阳区定福庄东街1号　邮　编　100024
电　　话	86-10-65450528　65450532　传　真　65779405
网　　址	http://cucp.cuc.edu.cn
经　　销	全国新华书店
印　　刷	天津旭非印刷有限公司
开　　本	880mm×1230mm　1/32
印　　张	6
字　　数	130千字
版　　次	2024年4月第1版
印　　次	2025年9月第4次印刷
书　　号	ISBN 978-7-5657-3560-8　　定　价　39.80元

本社法律顾问：北京嘉润律师事务所　郭建平

前　言

中国文化所讲的"人情"是指人与人之间融洽相处的感情，包括社会学、政治学、心理学、行为科学等；"世故"就是透彻了解事物，懂得过去、现在、未来，明白世界上的这些事情。

人情世故，不仅是一个人在社会上立足的重要条件，也是一个人成功的重要因素。

许多人在生活中总是吃了很多亏，却不知道自己吃亏的原因，是自己不懂人情世故。但是，真正精明的人，他们并不会去抱怨社会，也不会去埋怨自己的家庭，他们只是懂得人情世故。这些人情世故，并不是虚伪，而是一个人在社会上立足和发展的基础。

在日常生活当中，我们和其他人交往时都要通过沟通的形式相处。正因如此，人情世故是我们每个人都需要学习的。有的人可能天生很圆滑，善于处理和他人的关系，以至于他们在每个场所都能够如鱼得水。而有的人就不太懂得人情世故，在与人打交道和沟通的过程当中常常会吃亏。然而还有这样一种人，他们善于沟通，人情世故处理得非常得当，从来不会虚情假意，与任何人相处都十分融洽。那些懂得人情世故的人，做事恰到好处，他们知道什么时候该退让、什么时候该表现，既不会锋芒毕露，也不会泯于众人。

现如今，大部分人在智商、能力等方面的差距其实并不大。人的"江湖地位"之所以有高下之分，更多是看你懂不懂人情世故。不懂人情世故的人，能力再强也会处处碰壁；懂得人情世故的人，容易得到朋友、领导的喜欢，发展空间也更大，"江湖地位"自然就会更高。我们在这个社会上谋生存、求发展，难免遇到各种各样的人。其中，肯定有自己不喜欢的人，如果因为不喜欢，就拒绝与之交往，甚至表现出自己厌恶的态度，那要想做成一件事，可难得很。所以，真正懂人情世故的高手，即使面对不喜欢的人，也能尽量理解和包容，与大多数人都能友好相处。

步入社会，就要有涵养、明事理、态度大方、精明能干，懂得为人处世的道理。不要等尝尽了人间冷暖，才想起去学习人情世故。希望大家都能做生活中的智者与强者。

目 录

第一章 懂礼数，知分寸 / 1

有礼走遍天下 / 2

学会过"礼"享生活 / 4

握手传递真诚 / 8

提升自身的品位 / 12

人际交往的"第二张名片" / 15

得体的行为举止能彰显气质 / 20

第二章 面子在人情世故中的重要性 / 25

中庸是为人处世的法宝 / 26

让对方做主角 / 28

对事不对人 / 31

伤什么都别伤面子 / 33

给自己留余地 / 36

第三章　会说话才能敲开人情世故的大门 / 39

　　话要三思而后说 / 40

　　聆听也是一种表达 / 44

　　尊重别人的"隐私" / 48

　　该拒绝时不勉强自己 / 52

　　慎言克己，切勿出口伤人 / 57

第四章　交友必择，朋友是交出来的 / 61

　　朋友要区别对待 / 62

　　朋友交往要有"度" / 67

　　相互宽容才是真朋友 / 74

　　谨慎处事，避免伤害朋友 / 78

　　犯了错误，正确面对批评 / 81

　　避免冲突，尽力调和矛盾 / 84

第五章　繁杂的世界里，既不害人又要防人 / 89

　　不要等到被伤害你才清醒 / 90

　　别太轻信他人 / 94

　　心事不可随便向人说 / 97

　　有些话可听不可信 / 99

第六章　学会察言观色，读懂对方才是人情世故高手 / 103

　　待人接物，窥探对方内在心思 / 104

学会识破别人说谎的假动作 / 109

　　似是而非，透过假象读懂对方 / 113

　　表里不一，看破掩饰者的内心 / 117

　　学会用心体会和认清对方 / 126

　　人的言谈和声音体现内心世界 / 130

　　眼见不一定为实 / 134

第七章　求人办事要有方略 / 139

　　求人办事要选择时机 / 140

　　求人办事先为自己留好退路 / 143

　　求人办事不要急于求成 / 145

　　无论办事成否都不要得罪人 / 147

　　先给人情，办事后行 / 152

第八章　经营人情世故就是经营人生 / 155

　　不以自我为中心，懂得感恩和付出 / 156

　　不可过于虚荣与爱面子 / 160

　　理智对待他人的不理解 / 164

　　共荣共损，要以大局为重 / 168

　　淡化矛盾，多修路、少拆台 / 173

　　投桃报李，争取双赢局面 / 178

第一章 懂礼数,知分寸

人情世故就是做人处事有分寸,
行有所止,言有所界,凡事有度。
人,要知分寸,要懂换位,
无论是亲情、友情还是爱情,
分寸是任何一段感情的保鲜剂,
换位是感情的黏合剂,自律有度地把握关系,
设身处地为别人着想,才能把感情经营好,
才能不寒了心。人与人,多一点分寸,
给彼此都留点空间,心与心,多一些换位,
让心灵多点温暖,这样的人,
才有真交心的朋友,这样的人,才值得尊敬。

有"礼"走遍天下

有"礼"走遍天下,无"礼"寸步难行。这句话的意思是,没有礼貌的人在社会生活中是举步维艰的;古人有"不学礼,无以立"之说,意思是,从小不学好礼仪,长大之后立身处世就会变得比较困难。歌德说:"一个人的礼貌是一面照出他的肖像的镜子。"

一个人是否礼貌,绝不是无足轻重的小事,它甚至能说明一个人是否具有道德修养。礼貌既是社会交往中的行为规范,又是个人修养的体现。如果一个人没有礼貌,就可能会被别人认为缺乏教养而远离人,甚至孤立人。生活中有很多这样的例子,仅仅因为自己疏忽了礼节上的一个细节,便使自己的形象在别人的心目中大打折扣。多数人认为,这不过是一些小节,无伤大雅。然而,无数的事例证明,往往正是这些小节决定了事情的成败。

我们有了礼貌,就有了与人交往的亲和力。有的礼貌形式看似简单,不过是一个微笑、一句谢谢、一个举手之劳⋯⋯但这些看似不起眼的礼貌可能成为我们立身处世的法宝。

礼貌能拉近自己和他人之间的距离，是一个人自身道德修养和文明程度的体现，可以更好地展现自身的优雅风度和良好的形象。一个彬彬有礼、言谈得体的人在人生道路上通常会受到人们的尊重，并给周围的人带来温暖和欢乐。而文明礼貌也是我们随身携带的"教养名片"。一个有教养的人必然有良好的文明礼仪，这样的人比较受人欢迎，也就是心理学上所说的"被众人接纳的程度高"。

我们要从小培养良好的礼貌，只要我们从思想上重视这个问题，并在生活中不断学习和约束自己的行为，就一定能够成为一个讲文明、懂礼貌的人。

不管你是什么身份，在社会活动中都避免不了与人打交道。无论面对的是你的领导、同事还是你的朋友，见面问好早已成为一种打招呼的方式。上班时，遇到领导主动问好，领导也会礼貌地回应；生活中，遇到熟人主动打招呼，甚至互相嘘寒问暖。这些是人际交往中最基本的方式，它们既是一种良好的习惯，又是一种礼貌性的行为。这些行为习惯会给别人留下良好的印象，而良好的印象意味着机会和幸运的发生。

总之，对人有礼貌，是基本的礼仪。人生之路，道阻且长，只要我们有礼貌，便能和他人和谐相处。

学会过"礼"享生活

进入社会以后,要学会过"礼"享生活。无论是进入职场还是创业,礼仪都是人们要学的一堂课。需要注意的是,礼仪不是做给别人看的,而是要表达自己内心的真诚和善意。

礼仪是我们在社会交往活动中共同遵守的行为规范和准则,能体现一个人的内在修养和素质。懂礼仪的人容易被别人接纳,让别人感受到他对自己的尊重和重视,以及他的人格魅力和修养。

1930年,身处德国的西蒙·史佩拉每天都要在乡村的田野间悠悠漫步。不管是谁,只要经过他的身边,他都会热情地向他们打招呼问候。

有一个叫凯米勒的农夫是史佩拉每天打招呼的对象之一。凯米勒的田庄坐落于小镇的边缘,史佩拉每天经过时都会看到他在田间辛勤地劳作。史佩拉总会向他说:"早上好呀!凯米勒先生。"

当史佩拉第一次向凯米勒问候时,凯米勒只是面无表情地转过身去,面对热情的史佩拉不理不睬。因为在这个小镇里，史佩拉和当地居民相处得不是太好。不过这并没有妨碍或打消史佩拉的勇气和决心，他一直以温暖的笑容和热情的声音向凯米勒打招呼。终于有一天，凯米勒面带微笑地向史佩拉举了帽子示意。

从那以后的每天早上，史佩拉照例会高声地说："早上好呀！凯米勒先生。"而凯米勒也会举帽子示意，并高声地应和道："早上好，史佩拉先生。"这样的习惯持续了很多年。

希特勒上台后，作为犹太人的史佩拉全家与村中所有的犹太人都被集合起来送往集中营。

在奥斯维辛的集中营，史佩拉被从火车上赶下来之后，就站在长长的行列之中，静待发落。在行列的一端，史佩拉远远看见一个指挥官拿着指挥棒一会儿向左指，一会儿向右指。他知道被发派到左边的人是死路一条，被发派到右边的人还有生还的机会。他的心脏紧张地跳动着，越靠近指挥官就跳得越快。离指挥官还有一段距离时，他一直盯着指挥官，想要看清楚指挥官到底是个什么样的人，怎么能在一天之中将千百人送入"枉死之城"。终于轮到他了，指挥官转过身来，两人的目光相遇，突然之间血液冲上他的脸庞，恐惧消失得无影无踪。

史佩拉平静地对指挥官说道："早上好呀！凯米勒先生。"凯米勒在听到他的问候后，脸上的肌肉突然抽动了几下，然后也平静地回答道："早上好，史佩拉先生。"接着,他举起指挥棒大声地说:"右!"

在生死攸关的时刻,习惯性的礼节问候甚至战胜了专制与残酷,德国有一句谚语叫"脱帽在手,世界任你走"。有礼节不一定总能为你带来好运,但没有礼节会让你与幸运擦肩而过。对于有礼节的人来说,即使身无分文,也会受到人们的热情欢迎。

假设有这么两个人,他们在其他方面情况差不多,只是在待人处事方面不同:一个谦和友善、助人为乐,举手投足无不具有绅士风范;而另一个举止粗鲁轻慢,对人总是吹毛求疵。显然,前者的事业会蒸蒸日上,而后者的事业只会江河日下。

英国教育家洛克说:"没有教养的人有了胆量,胆量就会带有野蛮的色彩,而别人也必以野蛮相看待,才智就会变成滑稽,学问就会变成迂气,率直就会变成粗俗,温和就会变成谄媚。"没有礼仪,无论什么美德就都无从谈起。

礼仪像是我们日常呼吸的空气一样,平时我们感觉不到它的存在,但它却能润物细无声,对我们的生活产生重要影响。

礼仪是我们日常社交生活的润滑剂,更是整个社会高效运转的助推剂。美国成功学家马尔登也说过:"文明的举止,还有这背后所蕴藏的对人的体谅、关心,是我们人生的一笔巨大财富。"如果你也想拥有这一笔巨大财富,就要学会过"礼"享生活。

美国政治家约翰逊说:"礼节像船上的气垫:里面可能什么也没有,却能奇妙地减少颠簸。"当我们涉足社会时,一定不要忘了带上礼节,否则,纵然你是一颗最灿烂的宝石,也可能会被埋没。

握手传递真诚

这是一个真实的故事。

艾米丽在中国某著名房地产公司任副总裁,她是个专业、热情而敏感的女士。一日,她要接见一个建筑材料公司主管销售的魏经理。魏经理被秘书领进艾米丽的办公室,秘书向艾米丽介绍:"艾总,这是魏经理。"

艾米丽离开办公桌,走向魏经理,脸上带着温和的笑容。魏经理先伸出手来,两人握了握手后,艾米丽很客气地对他说:"很高兴你能亲自来为我们公司介绍这些产品。这样吧,让我看一看这些材料,我再和你联系。"就这样,魏经理在几分钟内就被艾米丽"送"出了办公室。接下来的几天内,魏经理多次打电话,但每次得到的都是秘书相同的回答:"艾总不在。"

到底是什么原因让艾米丽如此反感一个只说了两句话的人呢?

艾米丽在一次关于礼节的课上提到这件事,她说:"双方第一次见面,他留给我的印象不仅是不懂基本的商业礼仪,而且还没有绅士风度。他伸给我的手不仅毫无生机,而且冰冷无力、松软、毫无热情。当我握他的手时,他的手掌也没有任何反应,就在这握手的几秒钟里,他就留给我一个极坏的印象:他的心可能和他的手一样冰冷。从握手中我没有感觉出他对我的尊重,可见他对我们的会面也并不重视。作为一个公司的销售经理,居然连基本的握手方式都不懂,显然他没有经过专业的职业培训。而对方公司居然雇用这样素质的人做销售经理,可见他们管理人员的基本素质和层次也不会高。由这种素质的人组成的管理阶层,怎么会严格遵守商业道德,提供优质、价格合理的建筑材料呢?我们这样大的房地产公司,又怎么会与这样的公司合作呢?"

一个无力的、漫不经心的、错误的握手方式,能传达出一些重要信息。这些信息无法用语言弥补,并会在对方的心里留下不好的印象,甚至会像上面的销售经理一样,失去一个极好的商业机会。

握手的方式、力度、时间等,会无声地向对方表现出你的性格、可信程度、心理状态。握手表现了你对别人的态度,一次礼貌性的握手,表达了你友好的态度和可信度,也表现了你对别人的重视和尊重。

英国阿比银行的比尔谈到当初面试新助手阿莱休时说:"当我们握手时,他那双厚实的手紧紧地握住我的手,上下摇动,好像我们是多年的老朋友,再看一看他阳光般灿烂的笑容，我完全被他意大利式的热情所融化。现在虽然他不再是我的助手了，却是我的朋友。"

加拿大形象设计师凯伦认为："握手是一门如此有趣的艺术，它能让我们在瞬间产生种种推测和判断。握手的信息是无言的，但它如此丰富和微妙，如此感性。它在对方开口之前，能让我们感受到对方的内心活动。"

著名形象设计师英格丽女士建议年轻人在握手时要注意下面6个细节。

（1）首先自我介绍，然后再伸出手。通常是社会地位较高的人或者女性、长者先伸手，表示愿意与对方握手。如果他们没主动，建议你不要主动；若是对方非常积极主动地先伸出手，你也要积极回应，否则不仅会让对方窘迫，也显得自己不懂礼数。

（2）握手时，要面带笑容且与对方目光接触。这样做是对别人的尊重，也能体现出你的自信和坦然，同时还可以观察对方的表情。

（3）当你伸出手时，手掌和拇指应成一个角度；一旦你的手与对方的手握在一起，应五指全部接触。

（4）握手时间约为5秒。若少于5秒则显得仓促，若太久则显得过于热情。

（5）握手要有一定的力度，表明你热情的态度，但也不能太用力。

（6）如果你的手容易出汗，千万要在握手前私下将汗擦干。

握手，是社交的一部分。美国著名女作家海伦·凯勒说："我接触的手有些拒人千里之外；也有些充满阳光，你会感到很温暖。"一些心理学家、肢体语言专家认为，通过握手能了解对方的性格。在同性的陌生人中，主动伸出手的人性格坚定、热情或者有丰富的人际关系经验；性格支配欲望强的人会让自己的手心朝下压在别人的手上；手心湿漉漉的人，可能容易感到焦虑、紧张；对于对方伸出手来没有反应的人，可能不懂礼仪或者有意冷淡。

提升自身的品位

"你这个人很没有生活品位！"当听到别人对你如此评价的时候，你的感受是什么？相信多数人可能会气得跳脚吧。如果你是一个血气方刚的年轻人，恐怕更不能接受这样的评价。

品位高的人，生活优雅、精致，有情趣、有格调、有追求；品位低的人，生活随意、敷衍、得过且过，对生活往往没有什么追求。

尽管大多数年轻人不会承认自己没品位，但是对于高品位的生活他们却认为是可望而不可即的。为什么呢？因为在他们看来，有品位的生活就意味着需要有一定的经济基础。也就是说，在他们看来，有钱人才有资格谈品位。

其实，完全不是这么回事。的确，有钱人更容易接近高标准的物质和精神生活，但是品位跟金钱没有必然的关系。一个人的品位并不是由他的财富决定的，而是取决于他所受的教育、他的性格、他的价值观、他所处的环境以及他的精神追求。就像一个人的穿着，并不在于多么华丽，而在于整洁和得体。有的人虽然全身名牌，却留给人庸俗的感觉；有的人仅仅穿简单的T恤，却也能穿出高贵的气质。

年轻人要想成为一个有品位、有涵养的人，就得脚踏实地，认真地充实自己，坚持不懈，让自己不断地成长。具体做法是：

1. 增长见识，以提高自身的品位

要想提高自己的品位，首先需要增长见识。对于年轻人来说，最忌讳的就是将自己局限在个人的小圈子里，两耳不闻天下事。有时间可以多去图书馆、听音乐会、参观文化展、参加艺术展等。只有多参与，才能使你从中汲取营养，开阔视野，丰富知识，陶冶情操，提高自己的文化底蕴，让你在不知不觉中受到文化的洗礼，从而变得有内涵、有品位。

2. 在阅读中培养自己的生活情趣

现在的年轻人喜欢看书的并不多，去图书馆看书也多是因为工作、考证需要。很少有人能静下心来阅读一本好书。在短视频时代，与书籍比起来，人们似乎更乐于享受视觉、感官上的冲击。其实，大多数情况下书籍给人们带来的精神享受是后者远远比不上的。

每天抽出点时间坐下来，品一品香茶、读一读好书，就会在不知不觉中提高自己的文化品位。读书，不只是读书里面的文字，更重要的是丰富自己，增长知识，提高品位，自我沉淀。从一个人对读书的态度，就可以看出他的性格、思想以及生活态度。"读一本好书就是与一个高尚的人交谈。"反之，读一本坏书就是跟一个品性低下的人打交道，长期受其影响，"近墨者黑"。因此，对于读书一定要有所选择。

3. 不要为了虚无的将来而过廉价的生活

与那些挥霍无度的年轻人相反，有些年轻人则是毫无原则地节约，省吃俭用。在他们看来，似乎每一项消费都会破坏他们心中的安全感。这种人留给别人的印象就是吝啬、迂腐，自然没有品位可言。所以，不要为了虚无的将来而在现在过廉价的生活，否则你会与品位永远绝缘。

正值青春年华的你，拥有着奋斗拼搏的最好时期，但绝不意味就不能享受生活。当然，过有品位的生活也绝不是过挥霍无度的生活。关键是提高自我内心的品位。

一个人要想让自己的外表出众很容易做到，只需要稍加修饰就可以了。而想提高品位，就得在内在方面下一番功夫了。如果你不断地去充实自己的内心，你迟早会遇见一个睿智、洒脱、高雅的自己。

人际交往的"第二张名片"

修养,原本包括修身养性、反省自新、陶冶情操和涵养道德;而我们经常说的修养,是指一个人的思想与品德的修养。跟仪容仪表比起来,修养表现的是一个人内在的气质。如果说仪容仪表是一个人在社会交往中的"第一张名片",那么修养应该是"第二张名片",而这张"名片"从某种意义上来说比第一张更加重要。

修养,往往会通过一些小的细节表现出来。有的人西装革履,但"出口成脏";有的人虽然看起来文质彬彬,但做起事情来总是以自我为中心。这些人的行为绝对与修养无关。而公交车上那些给老人、小孩让座的人,即使穿着普通,但他们却是有修养之人。

有修养的人,通常受人欢迎。与之相反,那些说话粗鲁,不讲礼貌,动辄骂人、打架的年轻人,却很难受到人们的喜爱,甚至让人反感。

有一位教授在谈到年轻人的修养时,讲述了一个发生在自己身上的故事。他们家位于一个十字路口的马路边,经常有一些外地的人会敲门问路。"有时候，从敲门的声音就能判断这个人的性情修养。"教授说。

有些人敲门的时候动作轻缓，敲几下之后会等一段时间再敲，很有礼貌，也很有耐心。这种敲门声就如同他们的笑脸一样。而有一些人在敲门的时候却显得冒冒失失，"咚咚——"乱敲一气；有的甚至边敲门边大声嚷嚷："开门！开门！有人吗？"教授非常讨厌这种人。

当然，对于非常有礼貌的问路人，教授也会像对待"上宾"一样友好地接待他们，然后仔细地为对方指路；而对于莽撞的问路人，教授自然不会那么"贴心"，指路的语气会比较强硬。

从这个事例中可以看出，个人修养不仅是一个人的立身之本，也是一个人行走社会的有效"润滑剂"。古人云："君子不可以不修身。"又云："正心以为本，修身以为基。"性情的修养，不是为了别人，而是为了提升自己内在的品性和外在的生活能力。除此之外，有时候个人修养还在一定程度上决定着一个人事业的成功与失败。

李强是一名成功的销售经理，而他的成功在很大程度上取决于他的个人修养。

几年前，刚走出校门的李强准备去一家公司应聘。面试的那一天，他精心梳洗一番，来到经理办公室的门前，轻轻敲了两下门："经理在吗？"

室内传出了应答声。

李强满心喜悦地推门而入,有礼貌地问候道:"经理您好,我叫李强,是来应聘的。"

经理的表情很冷淡,要求他再敲一次门。李强很奇怪,但他并未多想,而是轻轻关上门,重新敲了两下,然后推门进来。经理却说这次没有第一次好,示意他再来一次。

如此反反复复,当李强第十次退出时,内心的欢欣和憧憬早已消失殆尽,他心想:"这哪儿是面试呀,分明是戏弄。"他很想生气地转身离开,可又不甘心,因为他想知道"经理的葫芦里究竟卖的什么药"。于是,他抱着最后一次希望,第十一次耐心地去敲门。结果,他叩开了一扇成功之门。

原来,公司打算招聘一名市场调查员,而一名优秀的市场调查员,不仅需要具备良好的专业素质,更要有耐心和修养。这十一次的敲门和等候就是经理给李强出的考题,在李强之前有许多年轻的应聘者,都因为没能坚持到最后,所以被淘汰。

很多事实证明,一个有修养之人,不管走到哪里都会受到他人的尊重。如此,做事的时候自然会顺利一些。在现实生活中,如何去培养自身的修养呢?一般来说,可以从以下4个方面入手。

1. 提高道德修养

现实生活中,虚伪、自私自利、斤斤计较、嫉妒心强、苛求、骄傲自满的人，对别人不可能诚心诚意、以礼相待。因此，只有努力提高道德修养，不断地陶冶情操，追求至善的理想境界，才能使自身的修养得到提高。

2. 提高文明修养

一个人的文明修养主要表现在穿戴和言谈举止两个方面。在人际交往中要特别注意自己的穿戴。穿戴要与环境场合相适应，什么场合穿什么衣服，比如，有客人来访，穿着睡衣接待就是对客人的不尊重。言谈举止也要有礼貌。乘车时，要让年龄大的人先上；同熟人见面时，要主动打招呼；别人同你打招呼，你应立即回应；同他人谈话时，要注意用词，更不要随便打断他人的话；等等。

3. 提高文化修养

文化修养较低的人缺乏自信，给人以木讷、呆滞或狂妄、浅薄的印象。相反，文化修养较高的人不仅思考问题周密、分析问题透彻、处理问题有方，而且反应敏捷、自信稳重，在社会交往中往往会散发出人格魅力，让周围的人身心愉悦。

4. 提高艺术修养

艺术作品蕴藏着丰厚的文化艺术内涵，更凝聚着艺术家的思想、人生态度和价值取向。我们在欣赏艺术作品时，必然会受到精神上的陶冶，倾心于艺术作品所展现的美的境界之中，获得美的陶醉和精神的升华。因此，要尽可能多地接触内容健康、情趣高雅、艺术性强的艺术作品，它对我们提高自身修养有很大的帮助。

只有自觉地提高自身的修养水平，增加社交的"底气"，才能使自己在社交场上应对自如。良好的修养最能体现一个人的品位与价值，而一个有很高修养的人也最具个性和人格魅力。修养是文化、智慧、善良和知识所表现出来的一种美德，是崇高人生的一种内在力量。

我国古代就有"修身、齐家、治国、平天下"的说法。一个人的魅力体现在修养上，而修养通常来自行为细节，行为养成习惯，习惯形成品质，品质决定魅力。提高自我修养可以从细微处着手，学会"识大体""拘小节"，从自己的一言一行开始，努力提高个人的综合素质，从而成就自己的非凡人生。

得体的行为举止能彰显气质

一位哲学家说:"言谈举止是心灵的外衣,它不仅可以反映一个人的外表,也可以反映一个人的品格和精神气质。"正因为行为举止能反映一个人的内在修养,所以它在人与人的交往中尤为重要。

气质是一个人内在修养的表现,能通过日常的行为举止表现出来。它不是天生就有的,而是通过后天培养出来的。当一个人以得体的行为举止与你交往时,你也会感到舒适、自在、愉悦。

有的人外表光鲜亮丽,却满口脏话;有的人美若天仙,却素质较低。尽管这些人留给别人的第一印象是美好的,但是随着交往的深入,不仅不会让人更加喜欢,反而会引起别人的反感。反之,有些人尽管衣着朴素、外表一般,但是谈吐高雅、举止优雅,总是会给人留下深刻的印象,并赢得别人的喜爱。这是因为前者只注重自己的外表,而忽视了内在的修养,"金玉其外,败絮其中";而后者则注重内在品质的培养,在举手投足间展现出了自己的风度与气质。

行为举止是一个人精神面貌的体现,得体的行为举止能够拉近人与人之间的距离,不得体的行为举止则会引起别人的反感。

某公司在新媒体上发布了一则招聘信息,需要一名经理助理。有三十几人来公司应聘,最终一个外在条件并不是最优秀的男生应聘成功。招聘会后,有人问老板:"您为什么会选中他呢?他看起来也没有什么出众的地方!"老板说:"实际上,他带来了很多'介绍信'。他在进门之前,先在门口蹭掉了鞋上带的土,进门后随手关门,这些细节说明他做事仔细;进办公室之后,我让他坐下,他向我道谢之后才入座,说明他懂礼貌;我问他的几个问题,他都能回答得干脆、果断,说明他有丰富的学识。我故意将废纸扔在地上,其他应聘者不是直接从废纸上走过去,就是看到了也无动于衷,只有他俯身捡起废纸并将其扔进垃圾桶。而且,他的穿戴非常得体。这样的一个年轻人,他带来的'介绍信'岂不更具'权威性'?"

培根说:"人们的举止应当像他们的衣服,不可太紧或过于讲究,应当宽舒一点,便于工作和运动。"这就告诉我们,在日常生活中,我们的一举一动、一言一行要做到张弛有度。大凡成功人士,多是给人温文尔雅、文质彬彬的感觉,令人肃然起敬。事实上,这些得体、优雅的举止都是经过长期的自我培养、自我锻炼而形成的。

我们在日常生活中，主要可从以下3个方面注意自己的举止。

1. 注重个人卫生

良好的卫生习惯既是对自己的尊重，也是对他人的尊重。如果白衬衫领口、袖口变了颜色，头发太油、头皮屑乱飞，手指甲过长且指甲缝积满污垢等，这些不良的卫生习惯只会让人对你避而远之。

2. 正确运用眼神

眼睛是心灵的窗户，而眼神是最具感染力的表情语言。与人交流时看着对方的眼睛，是对对方的一种尊重。如果在交谈时眼神飘忽不定，可能是不自信的表现，也可能会让对方误会你忽视他，以致谈话达不到预期效果。

3. 规范日常姿势

我国古代有"站如松、坐如钟、行如风"的审美标准，而这一标准放到现代亦适用。

（1）站，是一种静态之美。站立时，抬头、挺胸、收腹、面带微笑、双臂自然下垂，是基本的姿势。站立时，不宜有驼背、屈腿、弯腰、双手插兜等动作，因为这样会给人很随便的感觉，让人在心里给你的印象减分。

（2）坐，也是一种静态之美。正确的坐姿会给人优雅、端庄、稳重、自然大方之感。不论何种场合，入座或者站起时，座椅不应发出声音；坐定之后，上身要保持端正，双手不可随处乱放。如有跷二郎腿的习惯，应该注意脚尖不宜直指对方，因为这是对别人不尊重的表现，而且也会给人随便、轻佻之感。

（3）行，是一种动态之美。在行的过程中，要抬头、挺胸、双肩自然放松，两眼平视前方，面带微笑，自然摆臂。正确的行走姿势会给人一种轻快、自然之感。相反，如果走路时扭动幅度过大，男性会让人觉得流里流气，女性则会让人觉得不够端庄。

除此之外，日常生活中得体的举止还有其他方面，比如握手、点头、拥抱等。点头经常用来与人打招呼，是经常使用的礼貌动作。点头时，两眼应望着对方，面带微笑。拥抱能表达亲密的情感，通常用于外事迎来送往、亲朋好友久别重逢等场合。但拥抱要注意分寸，尤其是异性之间，太过热情会让人误解。

在商务活动或社交场合，得体的举止更为重要。比如起立，在正式的场合中，如果有长者、尊者到场或离开，都应该起立表示敬意；再如鼓掌，结合当时的场景，重要人物出现、精彩演讲结束时，都可以用掌声来表达自己的敬意或赞赏，但掌声不宜太过突出，以免让人觉得你是在起哄或有敌意。

任何人都不可能脱离社会独立存在，而在人与人的交往中，一个眼神、一个表情，甚至一个小小的动作，都可以表现出一个人的修养。因此，在日常生活中，每个人都应该注意自己的行为举止，不卑不亢，温文尔雅，充分地展现出你的修养与风度。

第二章 面子在人情世故中的重要性

面子是什么呢?
面子就是一个人在众人眼中的形象。
给别人留下好印象,
别人赞扬你,
就是有"面子";
给别人留下不好的印象,
别人否定你,
就是没"面子"。
面子形成于人际交往的过程中,
是一个人自尊与尊严在社会交往中的体现。

中庸是为人处世的法宝

中庸是为人处世的法宝。所谓"中庸",通俗地说就是做人做事的"度"。

中庸之道要求我们为人处世要恰到好处。关于为人处世,《菜根谭》中有这样一段文字:"气象要高旷,而不可疏狂;心思要缜密,而不可琐屑;趣味要冲淡,而不可偏枯;操守要严明,而不可激烈。"意思就是,一个人的气度要高远旷达,不能太狂放不羁;心思要细致周密,不能太杂乱琐碎;趣味要高雅淡泊,不能太单调枯燥;节操要严正清明,不能太偏激刚烈。总之,符合中庸之道的为人处世之法就是看待问题、处理事情要有一个合理且客观的度,把握好分寸,做事恰到好处、不偏不倚。

这个世界之所以丰富多彩,就是因为有各种不同的事物、不同性格的人。本着中庸的态度,我们就能接受不同的人或事。商人做生意的关键就在于为人处世。懂得为人处世,生意自然就做得好。然而,如何为人处世呢?恪守中庸之道无疑是一个标准答案。只要做人恪守中庸之道,做事就不会偏激。如此，我们的人际关系就会和谐，朋友也会越来越多，观察人或事物会更加全面，作出的决定会更有利于自己。

中庸，绝非"和稀泥"，而是恰当与合理。有不少人对中庸理解有偏差，认为它提倡"得过且过"，其实恰恰相反，中庸要求我们在做事的时候，追求"极致"，达到最好的效果。

真正中庸的聪明人，会注重在日常生活中提升自己的格局，不偏激、不糊涂，以理性为基础，以公正为前提，以通达为尺度，从而实现做人与做事的双赢。

让对方做主角

一部电影中往往只有一个或两个主角,而主角该由谁来扮演呢?自然是最合适的人。

在现实生活中,我们也经常面临做主角还是做配角的选择。当然,每个人都希望自己能做主角。但现实是,多数时候我们都会演配角。在一些社交场合,有些聪明的人会心甘情愿当配角,让对方当春风得意的主角。对这些人而言,这并不是一种妥协,因为他让出的只是一个主角的虚名,而获取的却是实在的利益。

如果你想赢得别人的好感或信任,最巧妙的办法就是让他做主角,而你心甘情愿地当配角。你满足了他的表现欲,他也许会给你带来难得的机会。

众所周知,《三国演义》中"三顾茅庐"的典故非常经典。刘备听说南阳诸葛亮有经天纬地之才,于是亲自前往相邀。一顾茅庐,诸葛亮避而不见,张飞耍起了牛脾气,大骂诸葛亮,刘备制止了他;二顾茅庐,诸葛亮仍避而不见,一向稳重的关羽也耐不住性子了,可刘备仍然毕恭毕敬,以表诚意；三顾茅庐，诸葛亮故意刁难迟迟不与其相见，三人站在门外几个时辰，最终诸葛亮答应出山。

刘备可谓给足了诸葛亮面子，心甘情愿地做配角，诸葛亮过足了"主角瘾"。刘备做了一次配角，却赢得了三分之一的天下。在与人们交往时，我们可以礼让三分，让对方当一回"主角"，一旦他们感知了你的心意，你的机会就会越来越多。

值得注意的是，"让主角"要"让"得不露痕迹，具体应该怎么做呢？

1. 主动为你的"上帝"服务

一个贵人，可能就是改变你命运的"上帝"。当你遇到了自己的"上帝"，一定要抱着主动为其"服务"的心态，了解"上帝"的爱好、习惯、性格等，这是最基本的前提。在这一前提下，为其量身打造"一出戏"，对方很快就能"入戏"，而你的机遇也会变多。

2. 低调做人，高调做事

如果你想把生意做成，就得时刻保持谦卑、平和，这样对方就会感到备受尊崇，心理上会有一种极大的满足感。其实，你的低姿态只是一种表面现象。世界上一流的企业家大多遵循"低调做人，高调做事"这一原则。因此，要想把事办成，不妨以低姿态出现在别人面前。

3. 莫让他人丢面子

英格丽·褒曼因为在《东方快车谋杀案》中的精湛演技而获得第47届奥斯卡最佳女配角奖，但在她领奖时，她却一再地称赞与她竞争最佳女配角奖的弗伦汀娜·克蒂斯，她表示真正的获奖者应该是这位落选者。她十分真诚地对弗伦汀娜·克蒂斯说："原谅我，弗伦汀娜，我本来没有打算获奖的。"

英格丽·褒曼虽获得了最佳女配角奖，然而她并没有喋喋不休地夸耀自己的辉煌成就，而是对差点抢走自己荣誉的对手推崇备至。这既维护了对方的面子，也表现了自己豁达的胸襟。

对事不对人

"对事不对人"这一处世原则要求我们尽量保持理性。为什么呢？因为我们要客观地分析问题，在处理日常事务时针对的是问题本身，而不是某个人。

有一次，俄国作家托尔斯泰向一个乞丐施舍。朋友告诉他，这个乞丐不值得施舍，因他品格极坏，在整个莫斯科都非常有名。托尔斯泰回答："我不是施舍给他这个人，我是施舍给人道。"法国思想家伏尔泰也说："虽然我不同意你说的每一个字，但我誓死捍卫你说话的权利。"

我们可以否定一个人说话、做事的方式，但是对这个人我们要保持尊重，因为他在人格上拥有自由和平等。

明朝万历年间，一个地方官员因手下的一名小吏在工作中犯了低级错误而对其严加批评，但在回府的路上遇到他，官员又对他礼貌相待，真诚地关心他。

小吏惭愧道："我这么不称职，大人为何还如此礼待我？"官员笑道："你的错发生在衙门之内，与衙门之外有何相干?"小吏听后深受感动。

事例中的官员秉持的就是对事不对人的处世原则。一个人在工作上有失误,并不代表他在生活中可以被训斥,所以,我们要用辩证的思维方式看待人和事。

伤什么都别伤面子

　　指出别人的不足时，态度不能太严肃，要想一想别人是否能接受。对有些人而言，生命有多珍贵，面子就有多重要。你给他面子，他就会给你机会；你伤了他的面子，他可能就会对你恨之入骨，而把你视为"敌人"。

　　女孩刚刚毕业，好不容易找到一份工作——在高级珠宝店当售货员。圣诞节的前一天，店里来了一位中年男子，他衣衫褴褛、蓬头垢面，在柜台前一直盯着那些首饰，似乎非常想买一件回去。

　　正在这时，女孩接了一个电话，不小心碰掉了六枚钻石戒指。她慌忙去捡，但捡起后一数发现只剩下五枚。她一抬头，发现那个中年男子正急忙往外走。她顿时意识到戒指可能被他拿去了。

　　中年男子快出门时，女孩轻声道："对不起，先生！"中年男子转过身来，两人相视几十秒之久。

　　"有事吗？"中年男子说话时，脸上的肌肉在不自然地抽搐。

"先生，这是我的第一份工作，现在找份工作很难，想必您也深有体会，是不是？"女孩神色黯然地说。

中年男子看了女孩很久，笑着说："没错，找个工作很难。但是我相信，你在这里工作会很愉快。"他向前一步，把手伸向女孩，将戒指放在了女孩的手里。

"谢谢您的祝福，我也祝您好运！"女孩说道。

事例中的女孩因为给中年男子一个台阶、一个面子，从而保住了戒指，也保住了工作。如果女孩不这样做，而是大喊"抓贼"，结果可能将变得非常糟糕。

当你不给别人面子的时候，自己的处境也可能会变得极其艰难。古人云："良言一句三冬暖，恶语伤人六月寒。"有的人之所以"好心"没有得到"好报"，多是因为他在提意见或建议的时候，没有真正意识到对方也是需要面子和尊严的。在为人处世的时候，我们一定要懂得保全对方的面子，哪怕你们之间的关系再好，如果不照顾对方的情绪，双方之间依然很容易发生矛盾或产生误会。

一对情侣坐公共汽车去郊外游玩，因为琐碎小事，刚才还柔情蜜意的两个人转眼间就发生了争执。

女孩大声说："喜欢上你这个'穷鬼'，我真是倒了八辈子霉！"车里人很多，女孩的声音又很大，大家都在窃窃私语。

当着这么多人的面被骂"穷鬼"，男孩非常气愤和尴尬，他挥手便打了女孩一个耳光，随即在下一站便独自下车离开了，留下女孩一个人孤零零地坐在车里哭泣。

当我们想指出对方的不足时，一定要顾及对方的面子，否则就是一个自以为是的"傻瓜"。另外，我们还要看对方是否接受意见或建议。如果对方在心理上有很强的排斥倾向，哪怕意见或建议再中肯，也毫无作用。

在提出意见或建议时，我们不妨温和一些。正如《菜根谭》中所说，"思其堪受"，"使其可从"，站在对方的立场上，根据当时的具体情况，在对方能接受的前提下进行沟通，这样才能达到预期效果。切忌用情绪化的方式沟通，也不要轻易评价对方的人格、兴趣或家庭。指出不足时，也不要忘记肯定别人的长处。此外，如果能采用幽默的方法，所收到的效果往往会更佳。

给自己留余地

一般情况下,当一个人不想让对方知道自己的真实意图、对自己的表述没有肯定的把握或信心时,常会说出一些模棱两可的话。如评论完某件事,阐述一些观点以后,就会加上"不过……""有时也会……"一类的话,以防止自己的看法一旦不符合事实时,有台阶可下、有余地可退。

因此,在答应别人某件事时,一些人会使用一些"模糊语言",以便为自己留下余地;在拒绝别人时,则会先拖延一阵,不当面拒绝,答应"考虑一下",给自己留下余地,"进退有据";在批评别人时,特别是有多人在场时,最好"点到为止",以维护对方的尊严;在与别人争论或争吵时,也不说"过头话""绝情话",让对方体面地下台,给自己留下余地。

对于自己不好把握的事,可以不明确表态;对于难以回答的问题,可以先放一放;对于那些表面看来无关大局的事,可以含蓄地处理,以免引火烧身。另外,对于某些难以回答而又不好回避的问题,可以作一些笼统的回答,如"可能是这样""我也不太了解"等,以便给自己留有余地。

一天,上司把一项有些难度的工作交给下属,上司问:"有没有问题?"下属拍着胸脯回答:"绝对没问题,保证完成工作!"过了几天,上司问下属工作进展如何,下属羞愧地说:"这项工作不像想象中的那么简单!"虽然上司同意他继续努力,但此后对他随便"拍胸脯"的保证已有些怀疑。

把话说得太满就像把气球充满气,再也充不进一丝空气,很容易就会爆炸。总有"意外"使得事情发生变化,而这些"意外"并不是人们所能预料的,因此话不要说得太满。而给自己留"余地",就是为了容纳这些"意外"的发生。

以下的状况是你在说话时应该注意的。

1. 做事方面

(1)对别人的请托可以答应接受,但不要"保证",可以说"我尽量""我试试看"等。

(2)上级交代的工作当然要接受,但不要说"保证没问题",可以说"应该没问题,我会尽力"之类的话。

这是为万一自己完不成所留的余地,而这样说事实上也无损你的诚意,反而更能表现出你严谨的态度,对方也会因此更信任你,若后续事没做好,也不会责怪你。

2. 做人方面

(1)与人闹了不愉快,不要口出恶言,更不要说出一些

"势不两立"的话。不管谁对谁错,最好是话留三分,以便以后需要携手合作时不会太尴尬。

(2)对人不要太早下评断。像"这个人没救了""这个人一辈子没出息"或"这个人前途无量""这个人能力很强"之类属于"盖棺论定"的话最好不要说,因为人的一生很难预料。总之,应多用"是""不过""如果"之类的话语。

当然,把话说满有时也是现实的需要,但除非必要,还是保留一点余地的好。

第三章 会说话才能敲开人情世故的大门

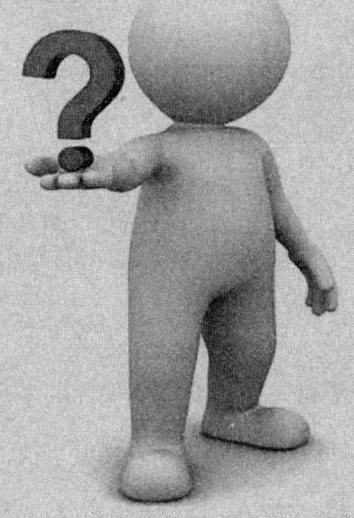

我们经常说"祸从口出",所以在你说话之前一定要考虑清楚什么可以说、什么说不得,比如谈话切忌谈论别人的隐私,更不要在失意人的面前谈论你的得意。做一个会说话的人,只有这样你才能更好地适应社会,从而更好地成就自己。

话要三思而后说

总想一吐为快、口无遮拦是很多麻烦的源头。而这也是现在许多年轻人极易犯的错误。

有句老话叫作"祸从口出",为人处世一定要把好口风,什么话能说、什么话不能说,什么话可信、什么话不可信,都要在脑子里多绕几个弯子,一旦中了小人的圈套,被其利用,后悔就来不及了!

每个人都有自己的秘密,都有一些压在心底不愿为人所知的事情。同事之间,哪怕感情不错,也不要随便把你的事情、你的秘密告诉对方,这是一个应该引起每一个人高度重视的问题,特别是那些说话不经大脑的年轻人。

因为你的秘密一旦告诉的是一个别有用心的人,即使他不在单位里传播,但在关键时刻,他也可能拿你的秘密作为武器回击你,使你在竞争中失败。

小刘和同事李伟私交甚好,常在一起喝酒聊天。一个周末,他们两个备了一些酒菜,又一次在宿舍里共饮。两人酒越喝越多,话也越说越多。已微醉的小刘向李伟说了一件对任何人也没有说过的事。

"我高中毕业后没考上大学,有一段时间整天无所事事,心情特别糟糕。有一次和几个哥们喝了些酒,回家时看见路边停着一辆摩托车,我们一见四周无人,就让一个朋友撬开锁,由我把车给开走了。后来,那个朋友再次盗窃时被逮住,在派出所审问时供出了这件事情,就牵扯到了我,结果我被判了刑。刑满释放后,我四处找工作,但处处没人要。后来经朋友介绍我才来到上海。不管怎么样,现在咱得珍惜目前的工作,一定给公司好好干。"

在公司的这三年多,小刘一直表现不错,公司根据他的表现和业绩,把他和李伟选为业务部副经理候选人。总经理找他谈话时,他表示一定加倍努力,不辜负领导的厚望。

谁知道没过两天,公司人事部突然宣布李伟为业务部副经理,小刘被调出业务部,另行安排工作岗位。

事后,小刘才从人事部了解到是李伟从中捣的鬼。原来,在候选人名单确定后,李伟自知能力比不上小刘,但是他又希望自己可以升职为副经理,便到总经理办公室,向总经理说了小刘曾被判刑坐牢的事。不难想象,一个曾经犯过法的人,老板怎么会重用呢?尽管小刘在工作中表现得不错,但污点是怎么也不会擦洗干净的。

知道真相后,小刘又气又恨又无奈,只得接受调遣,去了另一个部门上班。

小王只因无意间透露了一个属于自己的秘密而被竞争对手击败,没被重用。既然秘密是自己的,无论如何也不能对同事讲。你不讲,保住属于自己的隐私,没有坏处;如果你讲给了别人,情况就不一样了,说不定什么时候别人会以此为把柄攻击你,使你有口难言。

另外,你的秘密可能是私事,也可能与单位有关,如果你无意之中说给了同事,很快,这些秘密就不再是秘密了。它会成为单位上下人人皆知的故事。这样一来,对你极为不利,至少会让同事对你产生"疑问",从而对你的形象造成伤害。

胡林离开学校刚进入职场时,很单纯,像大学时对室友们无话不说一样,常将自己的一些经历及想法毫不设防地对同事讲。工作不久之后,他就因对公司突出的贡献而成为部门经理的候选人。可胡林曾无意中告诉同事,他的父亲与董事长私交甚好。于是,大家就认为他之所以成为部门经理的候选人,是因为他与董事长的私人关系,他的工作能力及对公司的贡献就都被同事忽视了。最后,董事长为了显示"公平",便任命一个能力和他差不多的职员为部门经理,胡林很无奈,因为这都是他自己口无遮拦惹下的祸。可见,如果他保护好自己的隐私,这个升职的机会极有可能就是他的。老板们都欣赏公私分明的员工,敬业不仅意味着勤奋工作,更意味着以大局为重,不把私事带到工作中。

年轻人阅历尚浅，但你要明白，同事毕竟是工作伙伴，他们不可能像家人那样完全地包容你、体谅你。通常情况下，同事之间保持一种平等、礼貌的伙伴关系就可以了。而一些隐私性的东西，除埋在自己心里之外，最好别拿出来示众。

另外，除了避免引起别人嫉恨而招致祸端，你还要注意，每个人都有自己不喜欢提及的话题，如果你说话口无遮拦，那么就一定会让对方不高兴。敏感的话题不要碰，别人的隐私不要问，否则你就会得罪人。

所以说，只有把握好说话的分寸，才会在与人交往的过程中做到游刃有余，建立稳定平和的人际关系。

你要学会全面地看待问题，这会有助于你权衡什么该说，什么不该说。一来是为了让自己不受伤害，二来也是为了更好地工作。不过，也没必要草木皆兵，若对一切问题都三缄其口，也很容易让人觉得你不近情理。有时，拿自己的缺点自嘲一把，或和大家一起开无伤大雅的玩笑，会让人觉得你有气度、够亲切。

聆听也是一种表达

人际交往是个互动的过程,有听也有说。每个人都有表达自己、渴望被他人理解的欲望,所以,都希望他人扮演听众的角色。有了快乐的事情,希望说给他人听,与人分享;有了不开心的事,也希望与人倾诉,让别人为自己分担。

但是大多数时候,人们都争抢着倾诉者的角色。尤其是现在许多的年轻人更是没有耐心和时间听别人诉说,甚至还未等到对方把话说到正题上,就把话语权"抢"了过来,然后抓紧时间阐述自己的观点。其实在许多场合,有时候侃侃而谈、滔滔雄辩的好口才不一定能派上用场,还会存在"成事不足,败事有余"的风险,甚至有可能把自己的人际关系弄得十分紧张。

在销售界,乔·汤姆是著名的推销员。在刚开始做推销工作的时候,他认为推销员应该介绍自己、介绍产品,应该把说放在第一位,但是后来在一次推销过程中,他体会到了"听的价值远远大于说"。

有一次,他推销公司产品,本来他与客户洽谈得很顺利,马上就要签合同成交了,可对方却突然变卦了。他为此感到不解。

为了找出其中的原因,当天晚上,乔·汤姆按照顾客留下的地址,去了顾客的家里。顾客见他满脸的真诚,便说道:"你的失败在于你自始至终没有认真听我讲话。就在我准备签合同前,我讲到我的独生儿子即将上大学,而且提到他的运动成绩和他将来的抱负,我是以他为荣的,但是你当时不但没有任何的反应,而且转过头去用手机和别人通电话,这让我感到有种被人忽略的感觉,你好像根本就没有尊重我,我在一怒之下就改变主意了。"

其实,认真聆听不仅能给人留下一个有礼貌的印象,更会让我们获得更多的信息,从而利用一切机会博采众长,丰富自己。

庄子曾经说过:"大辩不言。""至人之用心若镜,不将不迎,应而不藏,故能胜物而不伤。"意思就是说,最有口才的人,往往并不多说话以显示自己。然而,其内心却像镜子一样明亮,虽然清晰地映照着事物,却对任何事物的来去不加以迎送。因此,能够镇定自若地应接事物而不劳其心神,最终战胜事物而自己却无任何损伤。

在美国,杰尔·厄卡夫是自然食品公司尽人皆知的"推销冠军"。有一天,他向一位女顾客推销芦荟精。与往常一样,他把芦荟精的功能、效用详细地告诉女顾客,但是女顾客并没有表示出多大的兴趣。杰尔·厄卡夫见状立刻闭上嘴巴，并细心观察着房间。突然，阳台上一盆美丽的盆栽吸引了厄卡夫的目光。

他便惊讶地说："好漂亮的盆栽啊！平常似乎很难见到，应该是很稀有的品种吧？"

"你说得没错，它叫嘉德里亚，这是很罕见的品种，它美就美在那种优雅的风情。"

"确实如此。那它应该不便宜吧？"

"这个宝贝很昂贵的，一盆就要800美元。"

"哇！我的天哪，800美元！每天你都要给它浇水吗？"

"是的，这种盆栽需要精心养育，每天都要花费很多时间……"

这时，女顾客开始向杰尔·厄卡夫倾囊相授所有与盆栽有关的学问，而他也聚精会神地听着，不时发表一下自己的看法和感受。

聊到最后，女顾客说道："就算是我的先生，也不会听我嘀嘀咕咕讲这么多，而你却愿意听我说了这么久，甚至还能够理解我的这番话，真的太谢谢你了。希望改天你再来听我讲盆栽，好吗？"

随后，女顾客打开钱包，爽快地从杰尔·厄卡夫手中接过了芦荟精。

认真聆听对方的谈话，是对讲话者的一种尊重，在一定程度上可以满足对方的需要，同时可以使人们的交往、交谈更有效，彼此之间的关系更融洽。能够耐心地倾听对方的谈话，等于告诉对方"你是一个值得我倾听你讲话的人"，这样才能在无形中加深彼此的感情。反之，对方还没有把要说的话说完，你就听不下去了，这最容易使对方的自尊心受挫。杰尔·厄卡夫认真地倾听女主人讲话，这让对方感觉受到了尊重，同时也给予了女主人分享自己兴趣的机会，自然而然也达到了自己推销的目的。

古希腊有一句民谚说："聪明的人，借助经验说话；而更聪明的人，根据经验不说话。"西方还有一句著名的话："雄辩是银，沉默是金。"中国人则流传着"言多必失"和"讷于言而敏于行"这样的济世名言。所以，年轻人与人相处，如果要让他人喜欢并重视你，首先你要做一个好的听众。

倾听也是一种学习、一种沟通、一种尊重。注意聆听别人的讲话，从他说话的内容、声调、神态，可以了解对方的需要、态度、期望和性格，这样你就可以与很多人进行思想交流，建立较广泛的人际关系。

年轻人想要在社会中左右逢源，就要善于去接近和亲近周围的人，要学会倾听他们的诉说。倾听，更是个人修养的体现。所以，当你走入社会之后，学会倾听，善于倾听，你将会逐渐地成熟起来。

尊重别人的"隐私"

年轻人的好奇心很重,热衷于打探别人的隐私,特别是那种触及别人心灵底线的隐私。其实,很多隐私是听不得也讲不得的。

因为隐私与个人的名誉密切相关,背后议论他人的隐私会损害他人的名誉,引起双方关系的紧张甚至恶化,所以,千万不要开个人隐私的玩笑,否则你会付出代价。

林浩小时候曾患过一场重病,这场病给他带来了很多烦恼,不仅使他的头脑变得迟钝,更严重的是当生活和工作一紧张,他还会尿床,而且自己还没有感觉。这是林浩生活中最大的隐私。他也因为自己这个毛病而感到苦恼和自卑,怕别人知道后嘲笑他。有一次,又有一个新的项目要执行,老板让林浩全权负责这个项目。他生怕自己做不好,压力很大,精神也处于紧张状态中。不巧的是,正好一个大学同学因为租房到期,要到他这里住一晚。因为就一个晚上,林浩没有办法拒绝同学的要求,只好同意了。

那一晚,林浩非常害怕自己的秘密被同学发现,一直不敢上床睡觉。但是到了后半夜，他实在困得不行了，就和着衣服躺在床边睡着了。

第二天醒来，最害怕发生的事情还是发生了。同学发现了林浩的秘密，看着林浩窘迫的样子，这个同学笑得很肆意。这让林浩非常尴尬，恨不得找个地缝钻进去。他心里特别希望同学能为他保守这个秘密，但是他没有勇气说出口。

之后的一次同学聚会上，他隐约感到同学们看他的眼神都怪怪的，有的同学看到他就像看到了稀有动物一样，还有的同学小声地跟人议论说他"有毛病"。而那个曾投宿于他家的同学故意走到林浩跟前来，对他说："我可什么也没说啊！"

林浩当时的感觉，我们可想而知：羞愧、尴尬、紧张、恼怒、痛恨。而对那个散布他隐私的人，林浩必然是深恶痛绝。

那么再想一想，如果你是那个投宿林浩的同学，在这种情况下，林浩并没有提出要求，希望你为他保守秘密，你会把他的秘密告诉别人吗？也许会，也许不会。

会与不会是两种不同的选择，就有两种不同的结果。后者值得人信赖，给人以安全感，人们愿意与这样的人做朋友；而前者从不会为他人着想，甚至以散布别人的隐私取乐，这样的人，只能让人疏远。

其实，每个人的内心都有不想让人知道的隐私堡垒。在这个堡垒里，他是主人，有至高无上的权威，一旦这个堡垒被攻破，再也没有隐秘，他便会发现失去了隐蔽物，暴露在众人面前，因缺乏安全感而慌乱。而为了重建这个堡垒，他会远离攻破他内心堡垒的人，甚至施以报复，试图消灭那个人，以保持堡垒不再被侵犯。

生活中有很多事例，都在提醒着我们一个简单而又深刻的道理，那就是：动什么也别动别人的隐私！马克·吐温说过："每个人像一轮明月，他呈现光明的一面，但也有黑暗的一面从来不给别人看到。这座埋葬记忆的小岛和月亮上黑暗的一面，就是隐私世界。"即便是进入朋友的隐私地带，也是朋友交往中一个需要慎重对待的问题。

朋友之所以把隐私告诉你，是因他们深知你作为一个忠实的朋友是值得信任的。他们总是推心置腹、毫无保留地向你倾诉。而你需要做的就是把好嘴巴这道关口，守口如瓶，不让朋友的隐私泄露出去。如果撕开朋友的伤疤，暴露朋友隐匿的秘密，只会使朋友尴尬、不快，而且会给搬弄是非的小人制造中伤朋友的机会，这样你和朋友之间的友谊会荡然无存，最严重的是，这种不保守朋友秘密的行为，会使你的诚信度大打折扣，你将不再受到其他朋友的信任。

所以，如果你正好是刚步入社会的新人，一定要谨记：动什么也别动别人的"隐私"，唯有如此，你才能做一个讨人喜欢的人、一个值得信任的人。

在生活中，我们每个人都不是说话的行家，都会出错，但有些错误是可以避免的。年轻人应该多修炼自己说话的本领，在说话之前先思考，哪些话该说、哪些话不该说，应该如何说、如何更好地说。特别是涉及别人的隐私问题，要给他人和自己都留一些空间。一个有涵养的人说话会注意场合，语言上也会讲究分寸，这样的人无论走到哪里都会有非常融洽的人际关系。

该拒绝时不勉强自己

活着累、活着痛苦的年轻人一般都有一个共同的特征——太爱面子，不管什么事，都不好意思抹下面子。面对别人的请求，即使自己很难办到，也总是一口一个"没问题"、一口一个"这好办"。因为不会说"不"，不知道给自己惹出了多少麻烦纷争。

俗话说："当断不断，必受其乱。"起初自己不假思考地答应别人，结果自己无力去兑现诺言，别人会更加厌恶你，还不如开始就拒绝，以便让别人还有另想办法的时间。一个人的能力总是有限的，该拒绝时不要勉强自己，生活中要敢于说"不"。

亨特刚参加工作不久，舅妈正好来这个城市出差，顺便看望了他。于是亨特陪着舅妈在城里转了转，转了一会儿就到了吃饭的时间。

因为刚刚工作，经济上比较拮据，亨特身上只有几十元钱，而这已是他所能拿出招待舅妈的全部资金了，所以他很想找个小餐馆随便吃一点，可舅妈却偏偏相中了一家很体面的高档餐厅。亨特没办法,只好硬着头皮随她走了进去。

两人坐下来后,舅妈开始点菜,当她征询亨特意见时,他只是含糊地说:"随便吧,随便就好。"此时,他的心中七上八下,放在衣袋中的手紧紧抓着那仅有的几十元钱。这钱显然不够,该怎么办呢?

可是舅妈好像一点儿也没注意到他的不安,她不停地夸赞这儿可口的饭菜。亨特却如坐针毡,吃什么东西都味如嚼蜡。

最后的时刻终于来了,彬彬有礼的侍者拿着账单径直向亨特走来,亨特张开嘴,却什么也没说出来。

舅妈温和地笑了,她拿过账单,把钱给了侍者,然后盯着亨特说:"孩子,我知道你的感觉,我一直在等你说'不',可你为什么不说呢?要知道,有些时候一定要勇敢坚决地把这个字说出来,这是最好的选择。我来这里,就是想要让你知道这个道理。"

客观来说,许多时候,拒绝关系一般的人比较容易,而拒绝自己的亲朋好友则很难,因为要顾及亲情、面子等。

虽然说"不"字并非一件轻松的事情,但在生活中仍然避免不了要对他人说"不"。有些人因为不懂得拒绝他人,结果自己被烦恼缠绕。一个人绝对不能"有求必应",因为你不是"神"。凡事都应允,必然呈现许多泡沫,在忧烦缠绕中岂有快乐可言。

说"不"的时候，会有得罪人的感觉，双方都觉得不舒服。但是如果你能够灵活掌握拒绝的艺术，采用委婉的表达方式，这样既能使对方接受你的意见，又不致伤害对方的自尊心。否定和拒绝的艺术有一条原则，就是在不误解意思的情况下，尽量少用生硬的否定词，把话说得委婉些。在非原则性问题上，我们能够使对方听出自己拒绝的意思，彼此和和气气，何乐而不为呢？

有这样一个既委婉又不勉强自己的故事：一位语文老师，家里的亲戚因为一场纠纷而诉诸法院，而负责这个案子的法官恰恰是她昔日的得意门生。有一天晚上，这位老师亲自来到学生家，希望他能念在师生的情面上，手下留情。学生心里十分犯难，既不能枉法裁判，又不能得罪老师。于是他说："老师，从小学到大学，您一直是我最敬佩的老师。"

语文老师谦虚地说："哪里哪里，每个老师都有他的长处。"

法官接着说："我永远记得您讲课时的样子，带我们朗读课文时声情并茂、语调抑扬顿挫。尤其是《葫芦僧判断葫芦案》那堂课，至今想起来还记忆犹新。"

语文老师很快就进入了角色："我不仅是用嘴、用声音讲课，我也是用心在讲啊，自古杀人就要偿命、欠债必须还钱，但是薛蟠草菅人命，却逍遥法外，反映了封建社会官官相护、狼狈为奸的黑暗现实,这对我的心理影响也是很大的。"

"是啊,'护官符'使冯家告了一年的状,竟无人做主。凶犯逍遥法外,贾雨村徇私枉法,胡乱判案。"法官继续感叹说,"记得当年老师您讲完这一课,告诫我们,以后谁要是当了法官,一定要秉公执法、依法办事,不要做'糊涂官',判'糊涂案',学生我一直以您的话作为约束自己、监督自己的座右铭呢!"

这位语文老师本来设计好了一大套说辞,但听到学生的这番话,也就不好意思再开口了,自动放弃了这个不合理的请求。

生活中,我们经常会遇到他人的请求,比如借钱、帮忙做某事、下属提出加薪的要求等。如果我们对这些请求不愿接受,却又不好意思说"不",就会使自己陷入十分为难的境地;或违心地答应下来,心里却别别扭扭;或假装答应却不做,失信于人。

所以,年轻人在为人处世的时候,一定要记住,在该拒绝时就要拒绝。明朝人吕坤说:"你说得是,我便听从;我不是听从你这个人,而是听从'是',哪有什么私心?同样,你说得不是,我便不听从;我不是针对你这个人,我是不听从'不是',哪里是对你有什么不满?"

学会在适当的时候说"不",是你的权利。但是,回绝的方式应该因人而异,若对方是你想保持良好关系的人,如亲友、师长、上司等,就不能采用严词拒绝的方式,而应该通过委婉且充满智慧的方式来表达。对不同身份的人,要采取不同的说话技巧,以免使双方处于僵持状态。

慎言克己，切勿出口伤人

俗话说："言语无心，易燃纷争；言语无情，损人伤身。"说话是一种技巧，可以说我们每个人都会说话，但是又不是人人"会"说话。其实，谁都会说话，但是有的人不注意说话的技巧，只顾自己痛快，口不择言，以致出口伤人仍不自知。

在我们的周围，能够出口成章的人不在少数，但是更多的人往往"出口成脏"，尤其是时下的年轻人，也许骄纵，也许任性，说话做事往往不经过大脑，经常不自觉说些伤人伤己的话。生活上如此，以致朋友疏远；工作上如此，以致机会错过。不管是人际关系还是工作前程，往往都会毁在自己的一句言不由衷的话语上，最后追悔莫及。

吕坤认为："'无伤'二字，修己者之大戒也。"换言之，说话乃人生一大难事，说话要注意不伤人不伤己，才是提升自身修养的开始。口出妄言恶语，揭人疮疤，触人痛处，颠倒是非黑白，更是要不得的。

古时候，有个叫祝期生的人，他总喜欢讽刺他人的缺失，颠倒是非黑白。遇到相貌丑陋的人，就讥笑人家；遇到相貌俊美的人，就嘲弄人家。碰到愚笨的人，就欺负羞辱；碰到聪明的人，就评头论足。遇见贫穷之人，便鄙视他；遇见富贵之人，便毁谤他。到了晚年，这个人忽然得了舌苔发黄的病，需要用针刺舌头，每次都要流好多血舌头才会舒服一些。经此几次，他竟然因舌头枯干萎缩而死。众人知道他的死讯，虽不至于高声欢呼，但也是在心里感到高兴：毕竟，邻里都受过祝期生舌头的"荼毒"。

从古至今，大凡有所成就的人，都拥有一颗宽容之心，拥有宽大的胸怀，不会因为一些小事与别人发生口舌上的争执。即使是在面对自己的对手、死敌的时候，他们也能保持自己的风度，以容人的雅量客观对待。对于自己的亲人、朋友，持宽容之心，嘴下留情，是常有之事；但面对自己的对手、死敌，不横眉怒目就不错了，要做到嘴下留情，那就不是容易的事了。也正因如此，世人的成就才会有高低、大小之分。也正是那些有容人之心的人，才会为自己创造出更多的机会，取得的成就才会比别人更大、更多。

在生活中，有些人办事爽快，说话利落，快人快语还口无禁忌。这样的人，尽管是一片真心，但在某些时候，也许会因为自己一句不经意的话就有可能重重地砸在别人的心口上，对别人造成伤害，也让自己陷入窘境。可见，在生活中，并不是任何事情都可以仗义执言的，一时的冲动而口不择言更是不可取的行为。

蓉蓉是一家小城纺织厂的女工，她在厂里的各项表现都很好。后来，她觉得自己还年轻，想到深圳闯一闯，临行前去跟一位要好的朋友辞行。这位朋友知道蓉蓉的来意后，本想再好好地劝劝蓉蓉，毕竟小姑娘孤身一人去深圳，也着实不太让人放心。可是，这位朋友开口说出的话却是："好好的，去深圳干吗？你在这里都还没混出什么名堂呢，去深圳就有机会了吗？深圳是什么地方，在大街上遇到几个人，不是博士生就是研究生，最差的也是本科生，你一个专科生到了深圳要怎么混啊？有多少比你强的人，出去几年也没成功，你呀，还是掂量清自己的斤两，再仔细想想吧！"蓉蓉听了朋友的话，十分生气，当时就起身离开了朋友的家。以后两人的联系也比之前少了很多，彼此之间的关系也冷淡了许多。

其实，这位朋友也许并没有恶意，也不一定是故意要给蓉蓉泼冷水，但是由他口里说出来的话让蓉蓉觉得朋友根本看不起她，这对她是一种很深的伤害。

从一个人说话的态度就可以看出这个人的素养如何。事实上，那些心直口快的人往往是最坦率、最直爽的人，他们的人品、本质也许并不坏，只是说话的时候不注意轻重，也不注意措辞的严谨。所以，这些人往往一开口就会得罪人。久而久之，人们从内心就不愿意甚至拒绝与这样的人交往，这对于他们人际关系的经营也会产生影响。

人生一世，草木一秋，每个人都是一样，既有得意荣华之时，也有失意落寞之际。别人得意时，锦上添花，而不是恶意讥讽；别人失意时，雪中送炭，而不是落井下石。有时候，只为自己一时的痛快，口不择言而给别人带来伤害；可是难保他日不会狭路相逢，那么，昔日你给别人一分的不快，就有可能成为你今日十分的阻碍。在说话之前，要经过谨慎的思考，该说与不该说的话要考虑清楚，避免出口伤人。

第四章 交友必择，朋友是交出来的

真正的朋友或许不会说漂亮话，
却会说真心话。
真正的朋友不只是锦上添花，
更多是雪中送炭，
不要拒绝真诚的话，
更不要拒绝一颗真诚的心。
人与人，一场缘；
心与心，一段交流。
朋友，需要的不是数量，而是质量，
与有品位、人品好的人相处才能提高自己。

朋友要区别对待

朋友的来源、友情产生的基础各不相同,有的是自然天成,有的是主动结交而成。在长期的交往中,与朋友情谊的深浅也不同,有的是知心朋友,有的是泛泛之交,有的只是一个特定时期的朋友。因此,对不同层次的朋友,交往的方式也各有侧重,投入程度也有轻重之分。

1. 朋友的层次划分

根据亲疏远近的不同,我们可以把朋友划分为以下六个层次。

(1)"命里注定"的。这是你生活、工作经历中自然产生的,如亲友、乡友、学友等,是以血缘、地缘、机缘为共同点且很容易出现的,不是你想摆脱就摆脱得了的,也不是你想求就求得到的。促成这种友谊的有利条件较多。

(2)"战友式"的。这是在共同的工作中互相支持、鼓励、携手共进中出现的,如工作上配合默契的搭档,这也是在一定的条件下通过双方的共同努力得以形成的,基础比较牢固。

（3）"患难之交"的。这是在共患难、同甘苦中结下的友情。如在对方处于极为低落的地位时，在精神和物质上给予过无私帮助；或是落魄之时互勉互助，齐心协力渡过难关。这是禁得起世事沧桑变化考验的友情。

（4）"临时性"的。它是出于某一种利益上的需要共同携手、精诚合作的人，但双方在人格、性情上差别过大，利益一结束，双方的友情也就随之消散。比如，为对付共同的"敌人"而临时结成的联盟，一旦"敌人"不存在，双方交往的基础也随之消失。

（5）"特定式"的。只是在某一方面因特定的吸引力而走到一起的，如棋友、牌友、玩友等，除此之外，不会在其他方面有过深、过多的交往，甚至毫无交往。这只是满足某一方面需要的朋友，"目的"性明确，不会有利益上的损害，相互交往比较轻松，而且带有很强的临时性特点。

（6）普普通通的。来往较为密切，但不深入，谈不上彼此互相帮助、互相支持，也不会互相拆台、互相攻击，有需要时可请求支援，被请求时也会尽力而为，但不会无所不谈，也不会舍己为友，朋友之名较浓，朋友之实较弱。

2. 分清轻重，区别对待

对各种类型的朋友，要学会分清轻重，区别对待。

（1）亲友：礼数周到。这是一种人情味比较浓的人际关系，只有建立在亲切、亲近的基础上，才能加深彼此的情谊。联系的方式比较亲切、自然，注意周到细致的礼数。比如，多日不见，走动又无时间，最简单的方法是通过电话互相问候，询问有无需要帮忙的事情。记住亲友的生日并及时祝贺，更能体现亲戚间的亲近和关切，还可以搞家族式的聚会，互相邀请，以庆祝工作中的突出成绩、给老人祝寿等。这种聚会既可以使大家感到亲切愉悦、其乐融融，又可交流思想、交换信息。对于长辈亲友（如叔叔、伯伯、舅舅、姨姨等），最适宜在节日和他们的生日去探望、问候和祝贺，在礼节上要做到无可挑剔。

（2）乡友：能帮则帮。每个人都有或轻或重的乡土观念，特别是在人员流动性强的情况下，同在外地工作的老乡容易因地域特点而结成朋友。乡友之间的特点是：容易接近，共同的话题较多。特别是在外地，人生地不熟且其他圈子的朋友还比较少时，乡友便成了最牢固的靠山。因此，对乡友请求帮助的要求一般不要拒绝，能帮则帮，尽力而为。你帮助了他，他也会寻机报答的。

（3）学友：时时相聚。作为学友，友情缔结在纯真、无利害冲突的阶段，基础比较牢固，无须特别地表现加深友谊的行动。学友之间的友情的突出特点：彼此都认为双方是纯洁的友谊，需要帮助时，直言相告即可，不要因有事相求而先以讨好作为铺垫，这样会被对方认为是亵渎了同学之情。但对待学友，也不能只是有事相求时才想起他，没事时就忘得一干二净。因此，对待学友，特别是要注意时常相聚，只是在一起轻松地坐一坐、聊聊天，彼此沟通一下近况。对外地的学友，相聚机会较少，但也要不时通通电话，问候一声。

（4）挚友：视若亲人。挚友可能产生于亲友、学友、乡友等不同层次之中，不管来自哪个层次，既然他已经成为你朋友群中的"核心"人物，则说明你们之间友情的程度是最深的，因而也是最值得投入的。对这类朋友的态度是：无所不谈。你的喜怒哀乐都可以得到他的反应，你的困难可以及时得到他的鼎力帮助，他是你的第一倾诉对象，也是最值得信赖、最可依靠的人。因此，对这类朋友，你不能斤斤计较，在对方需要支持时，即使牺牲一些自己的利益也要舍得，所谓"两肋插刀、赴汤蹈火、在所不惜"。若对方有做得不如意的地方，也要宽宏大量。世上能成为挚友的没有几人，因而要倍加珍惜，视如亲人，不可轻易失去。

（5）泛交：若即若离。这只是普通朋友，不用特别投入，只要能维持双方的既有关系即可。可偶尔邀约聚会，以免中断来往，有需要帮忙时也可婉言相求，但别有过高期望。被邀请时尽量赴约，被请求支持时尽量帮助，但不要勉强。如果发现值得深交之人，就"提升"他的"等次"，以相应的投入来加深友情；如发现非善良之辈，则可将既有的关系斩断，不再与之来往，不可顾及太多的情面。

3. 怎样拥有知心朋友

知心朋友是朋友中较为特别的一个层次，其主要特点是"知心"，你知他心、他知你心，相互的交往更注重在精神交往上。知心朋友弥足珍贵，但维系这份关系也很难，因为稍有懈怠，可能就会破坏这层关系。

（1）无所不谈。知心朋友的友谊不是一颗心的奉献，而是两颗心的相互奉献。因此，敞开你的心扉，毫无保留地向对方坦承一切，包括隐私。

（2）互相平等。知心朋友之间没有主宾之分，在友谊的水平线上，朋友间都是平等的。不要为使朋友满意而去干你不愿干、也不应该干的事，不然，他会认为你把他视作势利之人。不要在他面前炫耀权势、财富，说话不要居高临下。

（3）尊重对方。不懂得尊重朋友的人肯定不会拥有知心朋友。不要无故去伤害你的朋友，不要批评他的生活方式、兴趣爱好，甚至古怪的行径。

（4）耐心忠实。当朋友不顺心的时候，他就会找你诉说，这时，你要做一名忠实的听众，不加评论地耐心倾听。当他要求听听你的意见时，就真诚地把自己的观点告诉他，而不要违心地随声附和。

（5）不掺杂利益。你有困难时，可让知心朋友为你出谋划策、提出解决办法，但千万不要让他具体帮你做什么。让双方的交往保持在纯洁的精神交往上，避免因利益问题而使友谊不再。

朋友交往要有"度"

与朋友之间的交往应该把握好亲密度，不可太过火，否则会适得其反，甚至反目成仇。

1. 朋友交往忌过分热情

物极必反的道理同样适用于朋友之间的交往。

曾经有过这样一个故事：希尔因为厌倦朋友杰西克，和他的妻子躲进了旅馆，他知道今晚再也见不到那张熟悉的面孔了。希尔说："我和杰西克的友谊是公司所有人都知道的，我们白天在一起工作，讨论问题使我们口干舌燥。杰西克是个重友情的人，最初，我们下班后经常一起去吃晚饭，顺便谈一些轻松的话题。后来，我厌倦了，开始推托回家。

"我知道，杰西克的婚姻遇到了麻烦，妻子离开了他。杰西克像所有离婚的男子一样，丧失理智，借酒浇愁，每天一下班就缠着我去酒吧，妻子为此常常抱怨我。可怕的是，在我借故离开后，他追到了我的家里。他不再喝酒，只是没完没了地向我介绍他的想法，并经常说：'我们是世界上最好的朋友，胜过夫妻和所有的合伙人。'我不得不点头。

"我的天哪！这种事竟然持续了4个月，我和妻子的忍受力像加压的玻璃瓶，马上就会爆炸。于是，我在家里对杰西克的谈话置之不理，可这不但没能阻止他的谈话，而且增添了他对我的抱怨，他说不管怎么样，希望我不要抛弃他。

"这件事我和妻子商量了很长时间，决定在不能去欧洲旅行之前，只好先住进旅馆，等到杰西克恢复正常再说。其实，我心里十分清楚，他根本就没有什么不正常，只是希望我们的友情胜过一切，但他从来就没有注意到我妻子气愤的眼神。"

有很多人遇到过这种情况，朋友的热情让你害怕甚至恐惧。《友谊自天而降》一书中说："朋友之间各自的家庭、工作和其他社会环境都不尽相同。作为朋友，如果不考虑实际，以自我为中心，强求朋友与你经常在一块，势必给他带来困难。"此外，人与人之间的差异是必然存在的，交往的次数越是频繁，这种差异就越是明显，形影不离会使这种差异在友谊上起不到应有的作用。

天荣早就知道好友志冬有花钱大手大脚、不拘小节的毛病，天荣一直认为这是男子汉粗犷、豪放的体现，甚至因此埋怨自己什么事都算计，节俭得有些苛刻。

因为要照顾得病的父亲，天荣通过志冬调到了他的单位，两个好朋友一下子形影不离了，聊天、旅游、喝酒，出则成双、入则成对，志冬也经常帮助天荣照顾父亲。

不久，天荣厌倦了这种生活，并开始讨厌志冬粗犷、豪放的性格，每次吃饭，志冬都会要上满满的一桌菜，有时吃完饭，一抹嘴起身便走，留下天荣"买单"。一向节俭的天荣劝了志冬多少次，志冬也不听。有一次吃饭时，上述情况再一次出现，这一次天荣非常恼火，付完钱后告诉志冬："我有父亲需要照顾，以后吃饭不要再叫我了。"志冬吃了一惊，也非常生气，多年的老朋友，这算什么！

不该发生的事在一对令人羡慕的朋友之间出现了，真让人感到遗憾。因此，交友不要过往甚密：一则会影响双方的工作、学习和家庭，二则会影响感情的持久。交友应重在以心相交，来往有节。

2. 不要越过界线

好朋友与你见面和交往的机会当然比其他人要多，可是，任何事都得有个"度"，超越这个界线，你得到的就是相反的结果。

小磊与刘瑞是同一个宿舍的好友，也是因为住在一起才成为朋友的，他们戏称宿舍是他们的家庭，所有的东西都没有"标签"，甚至工资也混同一处，两人为这种关系而骄傲，别人的眼里流露的也是羡慕的目光。

不久，刘瑞有了女友，经常出去逛逛商场、吃饭。于是，两人的合作经济出现了危机。起初，刘瑞觉得没什么，小磊也不在乎。后来，刘瑞提出实行AA制，小磊考虑再三，同意了。

但后来，还是因为不习惯而放弃了。事有碰巧，一天，小磊的母亲病了，当小磊回宿舍取钱时，面对的是空空的抽屉，小磊不由得问刘瑞："钱哪去了？刚发工资仅三天。"刘瑞说："为女友买了条项链。"小磊无言地离开了。他在别人那里借了钱为母亲看了病。从此，两人的友谊出现裂痕。有一天，两人提及此事，大吵了一架。

假如两人的AA制不因感情的冲击而放弃，那么，他们的友谊也不致破裂。

另外，交往过密还表现在另一个很重要的方面，即占用朋友的时间过长，把朋友捆得紧紧的，使朋友心里不能轻松、愉快。

李颖把王怡看作非常重要的朋友，两人同在一个合资公司做公关工作，由于劳动纪律非常严格，交流机会很少，但她们总能找到空闲时间聊上几句。下班回到家，李颖的第一个任务就是给王怡打电话，一聊起来能达到饭不吃、觉不睡的地步。

星期天，李颖总有理由把王怡叫出来，陪她去买菜、购物、逛公园。王怡每次虽不太情愿，但也能勉强同意。李颖可不在乎这些，每次都兴高采烈，不玩一整天是不回家的。

王怡是个有抱负的姑娘，她想在事业上有所发展，就偷偷地利用业余时间参加培训班、学习电脑。星期天，王怡刚背起书包要出门，李颖便打来电话要她陪自己去裁缝那里做衣服,王怡解释了大半天,李颖才同意王怡去上培训班。可是,王怡赶到培训班时已迟到了15分钟,王怡心里很不舒服。

第二个星期天,李颖说有人给她介绍了一个男朋友,非逼着王怡一起去看看,王怡说:"不行,我得去学习。"李颖怕王怡偷偷溜走,一大早就赶到王怡家死缠活磨。结果,王怡没上成培训班,李颖的男朋友也吹了。后来,王怡郑重声明,以后星期天要学习,不再参加李颖的各种活动。

此外,对待朋友,还要注意不要窥探他的隐私。也许有一天,你兴冲冲地闯进了朋友的家里,一面甩着自己头发上的雨珠,一面高声喊叫,而你的朋友却慌慌张张地藏着什么东西。此时,请你不要追问,因为这是他独有的秘密,你更不要因此而认为他有意疏远你、不相信你。心中藏着属于自己秘密的人会认为,这是他们的权利,朋友没有必要占有它。劳伦斯基认为:"如果一个人没有一点儿属于自己的秘密,那他不是一个可靠的人。"

有这样一个关于朋友之间秘密的故事:周宇轩至今还在为三年前的行为而懊悔。三年前,他有一个非常要好的朋友吕健,周宇轩开朗、好动、无拘无束,吕健细心、沉稳,两人虽性格迥异,但彼此间相处融洽。生活中,他们犹如球场上一对配合默契的双打选手,互相弥补着对方的不足。在公司里,他们的业绩显著,令人羡慕不已。

一个烟雨蒙蒙的上午,周宇轩带着女友去商场购物,路过吕健的住所时就想顺便去看看朋友。宇轩到了吕健的住处,打开吕健的房门,里面整洁有序,而吕健却不在。他和女友一起坐下来等,手脚不老实的他在朋友家也不闲着,为了显示和朋友的关系比铁还铁,他乱翻了一通。女友一再劝阻,他却毫不介意,突然,他从抽屉里面摸出了一个精致的笔记本,翻开一看,里面一片空白,只是在第二页夹着一张剪下的报纸,上面记录了一名女青年不幸去世的消息。那女青年的名字被两块血迹掩盖,报纸的最下面是吕健的一行笔迹:"我的爱情随着你死了,我要加倍惩罚我。"宇轩大吃一惊,难道那女青年是吕健的女友?此时,吕健抱着一摞书推门而入,当吕健看到周宇轩手中未来得及放下的笔记本时,立即扔下手中的书,劈手将笔记本夺了过来,他愤怒地大喊:"滚!离开这儿。"宇轩觉得当着女友的面,吕健做得太过分了,一气之下离开了。宇轩走出很远,还听见吕健在大声地喊叫。

自那天之后,吕健再也没有到公司上班,周宇轩认为吕健的气量太窄,因此过了很长时间,周宇轩才登门去道歉,但遇到的只是吕健的一个亲戚,听亲戚说吕健已去了南方。宇轩非常难过。他知道,那张报纸,那两块血迹,那一字一字包含着一个令人心痛的故事,在好友吕健的心中已沉淀为一个秘密,一个只有吕健才能占有的秘密。半年以后,周宇轩收到了吕健的信,信中只写了一句话:"你看了不该看的。"

朋友要保守秘密并不是对你的不信任,而是对自己负责。你同样也需要保守自己的秘密，这一切并不能证明你和好友间的疏远；相反，明智的人会认为，如此双方的友谊更加可靠。

斤斤计较，你一定会失去好友。同样，在你朋友觉得难为情或不愿公开某些私人秘密时，你也不应强行追问，更不能私自以你们的关系好而去偷看或悄悄地打听朋友的秘密，因为保守秘密是他的权利。一般情况下，凡属朋友的一些敏感性的事情，其公开权应留给朋友自己。擅自偷听或公开朋友的秘密，是交友之大忌。

相互宽容才是真朋友

交友并非一厢情愿,而是需要相互理解、相互宽容。

人是复杂的,不论在什么样的情况下,每个人都渴望别人理解自己。不理解他人的人,是难以找到志同道合的朋友的;不被他人理解的人,则难以挣脱孤独和苦闷的阴影。《红楼梦》里的林黛玉是一个多疑的人,她时时都在注视着周围的人对她的态度,别人的一举一动都会引起她长久的猜疑,连她自己都承认:"我最是个多心的人。"

理解—沟通—人和,是紧密联系在一起的。

春秋时期,管仲和鲍叔牙是很有才华的政治家,也是很有修养的人。他俩从小就是好朋友,无论干什么总是形影不离。长大了,鲍叔牙邀管仲一同去做买卖,管仲有些为难,说:"我家自从父亲死后,母亲和我吃了上顿没下顿,哪儿有钱做买卖?"鲍叔牙说:"我还有点儿钱,足够咱俩用的。钱由我出,你出主意就行了。"经过一段时间的准备,他俩真的做起了生意。每次赚了钱,鲍叔牙总是多一半给管仲、少一半给自己。管仲有些过意不去,鲍叔牙诚恳地说:"我们是朋友,你家有困难,我们要互相帮助。"后来,他们又一起去当兵。每次打仗,鲍叔牙总是紧跟着管仲,只要一遇到危险,鲍叔牙都毫不犹豫地用自己的身体去掩护他。

后来,他们果然在齐国做出了成绩。由于鲍叔牙在齐国做官的时间比管仲长,后来,管仲的官职超过了鲍叔牙,一些大臣议论纷纷,为鲍叔牙抱不平。鲍叔牙知道自己继续做官可能会对管仲不利,于是毅然向齐桓公辞官还乡。他说:"为了使管仲更好地施展才能,我辞官还乡。"齐桓公挽留说:"您是一位高尚的人啊!管仲是你推荐给我的,现在为了他,您又要辞官还乡。我需要管仲,也需要您,请您留下吧!"管仲也劝鲍叔牙:"您不要走,别人议论什么,我不在乎。"

第二天,鲍叔牙还是悄悄地离去了,人们都敬佩他的为人。管仲说:"生我的是父母,而了解我的是鲍叔牙!"二人的无私友谊,表现了他们的君子之风。

管仲和鲍叔牙的相交,历史上称为"管鲍之交""管鲍遗风"。这里面揭示了交友的许多真谛,但最主要的一点就是互相理解:做生意赚了钱,多给家贫的管仲一些,这是理解,没有见利忘义;当兵打仗时,在最危险的时候,鲍叔牙用身体掩护管仲,这是舍己救人的思想;因为管仲而辞官还乡,这更是出于理解,是更高层次的境界。

人生活在这个大千世界里,需要很好地处理人际关系,需要与朋友友好相处，而要做到这一点，必须用善良的心来对待一切，必须时时检点自己，也就是要严于律己。同时，对待朋友要宽容，得饶人处且饶人，也就是要宽以待人。

另外，严于律己能兴国。唐太宗李世民，是封建王朝里最为开明的君主之一，他为人处世以善良慎重为准则，他在哀悼魏徵时说："以铜为镜，可以正衣冠；以古为镜，可以知兴替；以人为镜，可以明得失。"在贞观十三年，他又说："外绝游观之乐，内却声色之娱。"正是他严格要求自己的言行，才得到了百姓的敬仰和国家的昌盛。

严于律己，可使朋友从中感受到你的诚实，也感受到你的为人。对己要严，对朋友要"宽"。那么，怎样才算是宽以待人呢？

1. 不能以自己为标准来要求朋友

生活在大千世界中的人，在性格、爱好、职业、习惯等诸多方面存在着很大的差异，对事物、问题的认识与理解也不尽相同。因此，我们不能要求朋友与自己一样，不能以自己的标准和经验来衡量朋友的所作所为，要承认朋友与自己的差别，并能容忍这种差别。不要企图去改变别人，因为这样做是徒劳的。

2. 不可吹毛求疵

"金无足赤，人无完人。""人非圣贤，孰能无过！"宋代文士袁采说过："圣贤犹不能无过，况人非圣贤，安得每事尽善?"朋友与朋友在日常的交往中,不可避免地会出现或大或小的失误,这时,不要动不动就横加指责、大声呵斥,甚至恨不得将他置于走投无路的境地,而是要做到"乐道人之善",多看到朋友的长处。《论语·阳货》中有"宽则得众"的思想。《论语·微子》中周公曾对鲁公说:"无求备于一人!"

3. 不要怨恨朋友

若朋友未能满足自己的需求或有过错或做了对不起自己的事情时,切不可怀恨在心。因为怨恨不仅会加深朋友间的误会、影响友情,而且会扰乱自己的正常思维,引起急躁情绪。凡事要站在朋友的角度想想,这样或许能够理解朋友的所作所为。

谨慎处事，避免伤害朋友

谁都希望有几个志趣相投、感情深厚的朋友。但有时，好不容易建立起来了友谊，而朋友却又莫名地和你日渐疏远。若你与朋友之间没有多大隔阂和矛盾，友情怎么会淡化了呢？其原因比较复杂，但如果你注意到以下五个方面，就能够不断巩固友谊，避免因不必要的理由而伤害与朋友的感情。

1. 照顾朋友的自尊

也许你与朋友过往甚密、无话不谈，也许你的才学、相貌、家庭、工作等都高出朋友一头，这些有利的条件可能使你不分场合，尤其是与朋友在一起时，更是无所顾忌，毫无节制地表现自己，言谈中也往往会流露出一种明显的优越感，令人感到你是在居高临下地对人讲话，有意炫耀、抬高自己，使别人的自尊心受到伤害，从而产生敬而远之的想法。所以，在与朋友交往时，要控制情绪、保持理智、态度谦逊，把自己放在与人平等的地位上，并时时想到对方的存在，照顾对方的心理承受力。

有时在大庭广众面前，乱用尖刻语言，尽情挖苦、讽刺别人，获取一时之快意……这些做法往往会使朋友感到人格受到侮辱，而不愿再与你深交。朋友相处，尤其是在众人面前，应该和气相待、互敬互让，切勿乱开玩笑、恶语伤人。

2. 把朋友的物品看作友情的一部分加以珍视

朋友之间不分彼此是好事，但是对朋友的东西不经许可便擅自拿用，有时迟迟不还或者干脆不还，便会使朋友认为你过于随便，由此产生防范心理，从而有可能导致你们之间关系的疏远。你对朋友的东西应该有一个清醒的认识：朋友的东西更应该加倍爱护。要把朋友的物品看作友情的一部分加以珍视，要知道礼尚往来的规矩，这样才会使朋友永远信任你。

3. 注重小节，把握分寸

朋友之间，谈吐行为应直率、大方、亲切而不矫揉造作，唯有如此，方显出自然本色。但如果过于散漫、不加自制、不拘小节，则使人感到你粗鲁庸俗。也许你和一般人相处会理性自制，但与朋友相聚就忘乎所以，或指手画脚，或信口雌黄、海阔天空，或肆意打断朋友的话、讥讽嘲弄，或听朋友说话时左顾右盼、心不在焉。也许这是你的自然流露，但朋友会觉得你有失体面、没有修养，进而对你产生一种厌恶、轻蔑之感，就会改变对你原来的印象。所以，在朋友面前应自然而不失自重，保持热情而不失礼仪，做到有分寸、有节制。

4. 认真对待朋友之约

你也许并不看重朋友间的某些约定，对于朋友之约爽快应承后又中途变卦。也许你真有事情耽误了约好的聚会，也许你事后会轻描淡写地解释一二，认为朋友间应互相谅解，区区小事无足挂齿。殊不知，朋友会因你失约而心急火燎，扫兴而去。虽然他们当面不会指责，但必定会认为你是缺乏信赖感的人。所以，对朋友之约，一定要慎重对待、遵时守约，要一诺千金，切不可言而无信。

5. 求友相助不可过急

当你有事需要求朋友帮助时，若事先不通知而临时登门索求，或不顾朋友是否情愿，强行拉他与你同去参加某项活动，这都会使朋友感到左右为难。他如果已有活动安排，不便改变只会更难堪。对你所求，若答应则会打乱自己的计划；若拒绝，又在情面上过不去。或许他表面上乐意而为，但心中有几分不快，认为你太霸道、不讲理。所以，对朋友有所求时最好事先告知，采取商量的口吻说话，尽量在朋友无事或情愿的前提下提出要求。

犯了错误，正确面对批评

一个人为了维护自己的面子和自尊，或是担心缺点和错误被别人看穿，从而影响自己的成功和发展，常常就会有意无意地以种种方式来拒绝、逃避批评。事实上，也很少有人会真正地把朋友的批评看作针对自己的行为而不是人格。因此，即使是"忠言"，听起来也会颇觉"逆耳"。

从理智上说，无人不懂"人无完人"的道理，也都明白对待批评应本着"有则改之，无则加勉"的态度。平时，我们不难听到或看到别人使用"欢迎批评"一类的词语，甚至自己也不止一次地用过。

但实际上，一旦有人果真提出批评时，受批评者往往就会像遇到电击一样立即缩回，采取拒绝、逃避的形式为自己辩护。如果批评者是你的上司，你即使不便当面顶撞几句，也可能因此耿耿于怀，而在工作中消极抵抗；如果批评者是你的同事，你或许不会马上大发雷霆，但很可能报以讽刺挖苦，或伺机找碴儿；如果批评者是你的同学或朋友，你即使不和他争吵一番，也可能责怪对方背叛了你，并在你们之间的情谊上打上句号。

但不幸的是，拒绝批评并不意味着可以免受批评，还会失去许多善意的劝告，并且极有可能因此而断送他人对自己的信任和友谊。一个人如果老是拒绝批评，那就无异于在将自己以"完人"自居，这显然害多益少。为了避免这种不利后果的发生，在别人批评自己的时候，不妨参考如下建议：

1. 耐心倾听批评

当别人对自己提出批评时，你既不要急于反驳、辩解，或拂袖而去；也不要满不在乎，或漫不经心、假装糊涂，而应该保持自然大方的表情和姿态，不卑不亢，认真而耐心地听完对方的批评，然后用自己的话简明地概括出他批评的大意，并询问他是不是这个意思，是否还有什么要补充的。

在倾听批评的过程中，如果你觉得自己快忍不住了，可立即这样提醒自己："耐心些，别逃避，别发火，别害怕，听完再说。"

一般来说，批评者并不能从批评中获得好处。相反，可能还会有所失。如果他提出的批评是诚恳、善意的，则利于受批评者改正缺点或错误。

相反，如果他出于恶意、敌意、动机不良，那他便过早暴露了自己，便于受批评者早做准备并寻找对策。

2. 学会接受批评

如果别人发现了你的缺点、错误，批评得有道理，则不应拒绝别人的好意，更不必担心接受批评便会低人一等。拿出勇气改正自己的缺点和错误，也许你下次就不会出现类似的差错了。

要是别人批评得有道理，但方式、方法不当，你完全可以用自己可以接受的方式、方法来理解。

如果别人批评错了，你也应先表示谢意，然后再做必要的解释。而对于那些为了发泄个人的嫉妒、怨恨，纠缠于早已结束的往事，或怀有其他恶意的批评，你可以提出警告，对此不必多加理会。

避免冲突，尽力调和矛盾

一个人即使为协调人际关系做出了很多努力，也难免会与别人发生冲突。只要人与人之间发生交往，就会或多或少地产生矛盾，这是由人的天性所决定的。

产生矛盾的原因有以下六点：

1. 观点不同

这是人与人之间发生冲突的最主要原因，所谓"道不同不相为谋"，由于对同一个问题产生了不同的看法，人与人之间便会相互产生矛盾和隔阂，进而导致双方互存偏见，相互攻击，以致发展到势不两立的地步。

2. 趣味相异

这类冲突多发生在同事、邻里之间。不同的人有不同的趣味和爱好，世界上没有两片相同的树叶，也没有两个志趣完全相同的人。而志趣不同的人是很难建立起密切联系的。

3. 感情不和

这类冲突主要发生在亲属之间。家庭是一个人生活的主要场所，如果一个人经常与他人发生冲突，他就很难把精力和注意力全部投入事业上。一个在事业上取得了辉煌成就的人，也离不开家庭的支持。

4. 个性抵触

性格、气质不同或相反的人，相互之间也会产生冲突。比如，一个急性子看不惯一个做什么事都磨磨蹭蹭的人；一个慢性子又会抱怨干什么都风风火火的人。当这两种性格的人在一起共事时，便会互相不能理解和谅解，从而产生一些矛盾。

5. 产生误会

人和人相处，即使主观上不想发生摩擦，但仍然难以避免产生一些误会，有些误会甚至还是根深蒂固、难以消除的。

6. 发生纠纷

生活中，有些冲突是隐性的，比如志趣不同的两个人之间的冲突未必就会公开，但是也有不少矛盾是会激化的。例如，同事之间、邻里之间，甚至两个陌生人之间，也会因一点儿小矛盾而发生冲突，轻则发生口角，重则拳脚相加，甚至发展到不共戴天之仇。

产生矛盾的原因有很多，但归根结底都是由于狭隘自私、敏感多疑、刚愎自用等人性的弱点造成的。因为，大多数人思考和处理问题往往习惯于从自我出发，平时疏于同别人沟通，因而在出现矛盾后，总认为真理在自己手中，别人都是错的。

发生冲突对双方都是不利的，必然对各自的事业产生消极的影响。一个想要成就一番大事业的人，就要学会避免不必要的冲突，消除各种矛盾，使自己有一个宽松、和谐的工作与生活环境。

那么，该怎样防止同别人产生冲突呢？

（1）要胸怀宽广，凡事顾大局、讲团结，调动一切积极因素，为一个共同的目标而努力。

（2）用理解的眼光看别人。物有多种，人有不同。别人不可能完全同我们有一样的志趣，我们不能像要求自己那样要求别人。

（3）宽容别人的过错。世上没有十全十美的人，包括自己在内，谁都有缺点，谁都有可能犯错误，要给别人改正错误的机会，就像希望别人也原谅自己的过失一样。

（4）对别人不要求全责备。"水至清则无鱼"，对别人要求过高就会曲高和寡；对别人太苛刻就会拒人于千里之外；对别人总是横眉怒目，就没有人愿同我们共事。

（5）除非涉及原则性的问题要搞清楚是非曲直之外，对一些无关紧要的事不要抓住不放。不要把简单的问题复杂化，本来没有多大的事，却非要弄个水落石出，论出个孰是孰非，那只能是庸人自扰。

（6）冤家宜解不宜结，即使有了矛盾，也应开诚布公，想方设法寻求理解和沟通，就事论事。不要把矛盾扩大，要勇于做自我批评，用自己的真诚换取别人的理解。

总之，化解矛盾首先要从自己做起，记住：你如何对待别人，别人也会如何对待你。要想走进别人的心灵，自己首先要敞开胸怀。

第五章 繁杂的世界里,既不害人又要防人

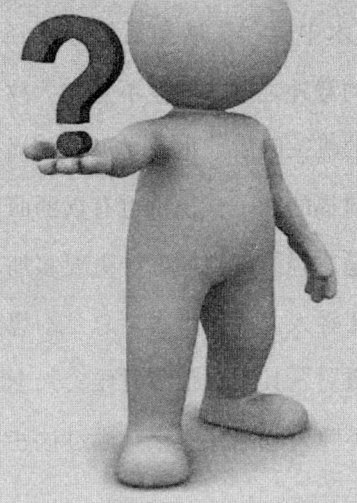

人的本性是善良的,
但善良也应该有点儿锋芒!
我们不存害人之心,
但防人之心对人是无害的,
是一种最基本的自我保护,
我们对了解的人一般都是不设防的,
对不熟悉的人存在戒备心理是一个正常人社会交往所必需的。
人的善良是有底线的,要看对什么样的人,
不要把别人的善良当作软弱,
对人真诚相待才是最好的处世之道!

不要等到被伤害你才清醒

"非分之福，无故之获，非造物之钓耳，即人世之机阱。此处着眼不高，鲜不堕彼术中矣。"这句话教导年轻人：不该得的福分、从天而降的意外之财，即使不是上天故意诱惑你，也肯定是让你上钩的机关陷阱。也就是说，福祸总是拴在一起的，祸中藏着走向福的种子，福中也有祸的萌芽，因此得利不要忘害，特别是对轻易得到的好处更要多加提防，然而很多刚步入社会的年轻人大多很天真，总是幻想着天上能够掉下来免费的"馅饼"。其实在很多时候，天上掉馅饼未必就是福气，如果你不睁大眼睛，就很难逃过这些诈术圈套。

这是发生在现实中真实的一幕：

一天，小娜走在繁华的马路上，突然看到路边的角落里放着一个钱包。钱包的拉链敞开着一半，里面露出好几张百元大钞。小娜顿时就动了心，过去把它捡起来。打开一数，里面有整整五千元钱。

天上掉馅饼啦！心花怒放的小娜正想揣进兜里，突然从旁边出来两个人，他们对小娜说："这不是你的钱，我们也都看见了，要想不让我们告发你，就得分给我们一半！这样吧，你先把这个钱包藏起来，别让人发现了。现在赶快把你钱包里的钱掏出来给我们。"

小娜心想："这样也可以啊，我口袋只有几百元钱，只要堵住他们的嘴巴，这些钱全都归我了！"于是她想都没想便把口袋里的五百元钱全部给了那两个人。等那两个人走后，小娜却越想越感觉不对劲，重新把捡到的钱拿出来，仔细一瞧——全是假钞！

骗子就是这样成功的。他们利用人性中贪图非分之财的弱点，这跟用诱饵引鱼儿上钩是完全相同的道理。欲有所图的人，就是抓住你对财富的贪欲，让你主动跳进他们事先设计好的陷阱里。

天下没有免费的午餐，如果人们能在这样的好事面前，保持头脑的清醒，冷静地分析识别，就不会轻易落入别人的圈套。

有这样一个典故：

列子穷困潦倒，经常吃了上顿没下顿，郑国宰相子阳听说后，就派人赠送粮米给列子。

但是列子却谢绝了，列子的妻子深深叹息。她埋怨说："听说有道德、有才学的人的老婆子女，都能过上快乐安逸的日子。可我们连饭都吃不上了。当权的宰相既然已派人来慰问，又送粮米给我们，你为什么不接受呢？你自己挨饿不要紧，为何连家人也不顾啊？"

列子笑着向妻子解释道："宰相并不真正了解我，只不过听别人提到我，他才叫人给我送粮米。现在救济我是如此，如果某天有人在他面前说我的坏话，他必然依别人的只言片语加罪于我。这怎么能行呢？这就是我不接受的理由。"

列子在免费的利益面前保持清醒的头脑，而事实正如列子所料，子阳正是听自己手下的人说："列子是个贤人，他就在您治理的国家里，现在连饭都吃不上，这样，您岂不成了不爱贤才的宰相吗？"子阳是为了自己获得好名声而给列子送粮米，并非真正爱惜贤才。

后来子阳为所欲为，引起民愤，老百姓便起来反抗、杀死了子阳，并杀死了不少子阳的亲信和爪牙。列子虽然穷困却并未因此遭受牵连，道德、学问仍然声名远扬。

由此可见，利益的背后往往隐藏着祸害。世界上没有无缘无故的好处，只有对天上掉下来的好处客观地保持一份冷静，做好接受的后果分析，才可以在以后的行事中勇往直前、无怨无悔。否则，当有一天要面对突如其来的失落时，必将手足无措、意志消沉，进而付出沉重的代价。

生活中，因为吃"免费的午餐"而上当受骗的事例更是不胜枚举，让人眼花缭乱。所以，我们必须懂点明哲保身的学问。年轻人要懂得没有人能不付出任何努力就得到好处，除非是陷阱。当遇到"免费午餐"的时候，一定要仔细观察是不是有一个圈套在等着你，在利益面前保持理智与冷静，这样你才能区分天上掉下来的是"馅饼"还是"铁饼"。

别太轻信他人

热映电影《孤注一掷》中的梁安娜,因金晨的出色演绎而受到众多网友的关注。梁安娜被骗至诈骗基地,除了她对高薪的向往外,更源于她对朋友的信任。在她遇到困扰时,这位朋友总会及时出现为她解围,甚至帮她解决工作难题。为了引诱她,朋友主动向她提及国外的高薪工作,使她产生了兴趣。随后,朋友又暗示这份工作非常稀有,使她更加渴望。最后,她相信了朋友的推荐,成功前往境外的诈骗基地担任了一名美女荷官。甚至在最初阶段,她并未意识到这是一场无法逃脱的骗局,反而认真地练习发牌,期望能够赚取巨额财富。然而,她并不知道这整个过程都是诈骗团伙所设下的圈套,甚至她在工作中所遭受的挫折也源于她那位朋友的故意陷害。由于她盲目地相信了这样的朋友,最终陷入了这个骗子所设下的陷阱,毁掉了自己的前程。

能在现今瞬息万变、风云莫测的商场中成就大事的人都不会轻信于任何人。虚假的需求信息、深藏欺诈的报价、吹得天花乱坠的广告,都是防不胜防的陷阱,你若没有怀疑精神,随时可能血本无归。

《孙子兵法》云:"知己知彼,百战不殆。"尤其是与人合作,更不可忘记这一深刻的古训。永远对你的对手保持警惕和戒备,随时随地密切关注对手的情况,如果不把问题弄个水落石出,就仓促与对方签合同做生意,将是十分危险的。据资深的厨师讲,每条鱼的纹路都不一样,从鱼的外观可以分辨出鱼的味道,而我们多数人在同对手打交道很长时间后仍然对对手的情况知之甚少,而且我们还缺少对他们了解的好奇心,这样粗枝大叶地做生意,又怎么能获得全面的胜利呢?

《孙子兵法》还说:"兵不厌诈。"真正成大事者和高明的骗子都知道这个道理,刚开始在你面前显示的几次信用不过是诱你步向深渊的诈术。

现在,商场上骗子们的表现形式无法预料,行骗手段让人防不胜防。有时骗子抛出烟幕弹,让人信以为真;有的真真假假,使人难以分辨;更为可怕的是放长线钓大鱼。报纸、电视上报道的许多职业骗子所采用的就是放长线钓大鱼的骗术:骗子在与你交易前,为了获取你的信任,会主动提出大家喜欢的结算方式——现金支付。随后的几次买卖都无一例外地使用现金交易。因为这些交易规模不大,使用现金支付并不困难。在长达一年的时间内,骗子都是一手交钱一手交货。

几次小的签约都严格地执行,使你产生错觉,误认为大的交易同样值得依赖，继而骗子得逞，你蒙受巨大损失。放长线钓大鱼的骗术，有其隐蔽性的一面，长期贸易往来建立了信任感，使人不能轻易察觉到行骗动机。但仔细观察的话也是可以发现规律的，稍有心计的人便会想到去了解一下这位"客户"的经营状况、可信程度、销售渠道等情况。

所以，即使成功地与对方合作了一次，也并不意味着下一次就有保证。轻易取信于人带给你的只是一个虚幻的"靠山"，目的不是成就你，而是打败你。

心事不可随便向人说

现今社会,是不能随便与人推心置腹的。

在现实生活中,每个人都会有心事,但不能随便对人倾吐,要慎言谨行。之所以处理心事要慎重,是因为心事的倾吐会泄露一个人的脆弱面,而脆弱会让人下意识地瞧不起你,最糟糕的是脆弱若被别人知道,会成为你的致命弱点。

心理学家说,人若有心事,应该说出来,才不会闷出病来。这个说法是没错的,但我们认为,要说可以,但不能"随便"说。所谓"随便",是指没区分"心事"的等级、没区分诉说的对象。换句话说,如果你的心事必须一吐为快,一定要想:"这件事能对他讲吗?会不会造成不必要的麻烦?"

有些心事带有危险性与机密性,例如你在工作上承担的压力与牢骚、你对某人的不满与批评、你对某事的意见,当你痛快地倾吐这些心事时,有可能被人拿来当成和你竞争的有力武器。

所以,即使是最好的朋友也不可随便说出来,你要说的心事还要有所选择,因为你目前的好朋友未必也是你未来的好朋友,这一点你必须清楚。

那对自己的爱人、父母总可以说吧?我们仍然强调:不可随便说出来,除非你的爱人对你有充分的了解与信任。但两个不同的个体,智慧与经验总有缺乏交集的地方,你的爱人对你的心事的感受与反应有时并不是你所预期的那样,譬如,他因此对你产生误解,甚至把你的心事也说给别人听。父母一般年事较高,心理承受能力较弱,你的心事会给他们造成很大的负担,对他们的健康不利。

然而,闭紧心扉、心事滴水不漏也不是好事,因为这样你会成为一个不可捉摸与亲近的人。所以,我们偶尔也要说说无关紧要的"心事"给你周围的人听,以降低他们对你的揣测与戒心。这样一来,既可以获得他人的信赖,又没有暴露自己的脆弱,何乐而不为呢?

有些话可听不可信

现在会说"场面话"的人越来越多，但能真正办实事的人越来越少。无论哪一个人，都会或多或少听到一些冠冕堂皇的"场面话"，切不可将这些话当真。

刘伟在某单位工作了十几年没有升迁，于是他通过朋友牵线，去拜访一位负责调动的人事主管，希望能被调到别的单位，因为他知道那个单位有一个空缺，而且他也符合条件。

那位主管表现得非常热情，并且当面应允："没问题！"

刘伟兴冲冲地回家等消息，谁知半个月、一个月、两个月过去了，一点儿消息也没有。他打电话询问，那人不是不在就是"正在开会"。朋友告诉他，那个位置已经有人捷足先登了。他非常气愤地问朋友："那他又为什么对我说没有问题？"他的朋友也不知如何回答是好。

这件事的真相是：那位主管说了"场面话"，而刘伟由于社会阅历太少，信了他的"场面话"。

"场面话"是人际交往中说话必需的应酬之一，而说

"场面话"也是一种生存智慧。

一般来说,"场面话"有以下两种。

1. 当面称赞人的话

诸如称赞你的小孩可爱聪明,称赞你的头发乌黑发亮,称赞你教子有方……这种场面话有的是实情,有的则与事实有相当的差距,只要不离谱,听的人十之八九都会感到高兴,而且旁边人越多,他越高兴。

2. 当面答应人的话

诸如"没问题""我全力帮忙""有什么事尽管来找我"等。说这种话有时是非说不可,因为对方施加人情压力,当面拒绝会很难堪,而且会立马得罪人。若对方缠着不肯走,那更麻烦,所以用"场面话"先打发,能帮忙就帮忙,帮不上忙或不愿意帮忙再找理由,总之,它有"缓兵计"的作用。

不过,千万别相信"场面话"。

对于称赞或恭维的"场面话",你要保持冷静和客观,千万别因此就昏了头,因为那会影响你的自我评价。冷静下来,反而可看出对方的用心。

对于满口答应的"场面话",你要保留态度,以免希望越大,失望也越大;对于"场面话",只能"姑且信之",因为人情的变化无法预测,你既测不出他的真心,就要做最坏的打算。其实,要知道对方说的是不是"场面话"也不难，事后可求证几次。如果对方言辞闪烁、虚与委蛇，或避不见面、避谈主题，那么对方说的就真的是"场面话"了。所以，对这种"场面话"一定要有清醒的头脑，否则可能耽误你的事。

第六章 学会察言观色,读懂对方 才是人情世故高手

人际交往的一大本质是利益交换,
人性也是趋利的,这一点不会变,
所谓"天下熙熙,皆为利来;
天下攘攘,皆为利往"讲的就是这个道理。
所以人际交往中,要想通过察言观色来精准读心,
还必须把利益加进去分析。
掌握了察言观色之道,
和任何人打交道便能游刃有余。

待人接物，窥探对方内在心思

历史上，不少亡国之君自恃见识超人而独断专行，其左右也顺其意、投其所好，因而被君主视为心腹忠臣，最后导致亡国亡身。明朝的崇祯皇帝自恃英明，将旨意当真理，视群臣为庸才或逆臣，至死都认为明亡咎不在己，而在于群臣无能。

明朝弄臣严嵩就是这样用心险而用术巧的小人。严嵩其人无才略，他最大的本事是巧于戏上，窃谋权力。世宗即以信道求仙著名的嘉靖帝，昏庸却自以为高明，凡拂其意的不是廷杖就是杀戮。但他对严嵩则另眼相看，因严嵩善写"青词"，并作文为嘉靖歌功颂德。严嵩百事顺嘉靖意，照其意旨行事，故得入阁参与政事。严嵩虽年过六十，但精神焕发，勤于政事，日夜在内阁值班，连家也不回，嘉靖大为赞赏，赐其银记，文曰："忠勤敏达。"严嵩害人不露痕迹，被害的人也不知被谁所害。凡比己位高的人，严嵩表面对他很恭敬，实则害之，取其位而代之。

嘉靖久居深宫，大臣难得谒见，只有严嵩得亲近，旨意由他代下，借此他一手遮天，权倾天下，结党营私，大受贿赂，成为当时最大的贪官，而嘉靖对他长期信任而不疑。严嵩之能遂其奸，采取的手法都一样，即前面所说"窥人君之喜怒而迎合之"，因而"爱隆于上""毒被天下而上莫知之"。

小人难辨是因其心险而术巧，而贤人难识是因其忠而直，故不为庸主暴君所喜欢。小人总是抓住贤人的特点，加以利用攻击。古代如此，现代亦不乏欺上瞒下、阳奉阴违、假公济私的貌忠实奸之徒。正因如此，好人难识难辨，贤人难知难任。

待人态度与接物方式，对一个人来说是比较稳定的。因此，识看小人离不开对其待人接物方式的考察。

1. 从人缘关系上考量

好的印象是好人缘的前提条件，这是为人处世的基本道理。人缘好的人，在社会上的形象就好，社会评价也高，因而也容易得到理解、同情、支持、信任和帮助。所以，一个人的人缘好坏直接反映出这个人在社会上的形象。

日本佛学大师亲鸾说："一人独处高兴时，有两人在高兴；两人在一起高兴时，就有三个人在高兴。这其中有一个人，就是我亲鸾。"其要义是规劝弟子们常与人同行，与人搞好人际关系，以同享快乐的态度来生活。而所有对人没有爱心的人都是不得人心的。

一般来说,挤对别人的是走歪门邪道的坏人,没有什么人会与之投缘。因为挤对别人的人不学无术、不务正业、不思进取,专以旁门左道走关系、拉帮派、套近乎,大事小事都要去争、去抢。要争、要抢自然就得挤,挤过来挤过去,直到把别人挤下去才心安理得。这种挤,不是竞争,更谈不上公平,而是靠背景、靠权势、靠手段以求得一己之利。患"挤病"的人,心目中没有真才实学的字眼,思想上没有刻苦求学的概念,行动上没有真干实干的表现。

2. 看他是否对人真诚

不仅与人交往要以诚相待,处事做人也一定要保持美德。虚伪、表里不一的行为,不能为社会所接受,只会被人疏远。诚实是赢得好人缘的第一原则。只有以诚意待人,才有可能建立比较贴心的友谊。诸葛亮卧隆中,他与刘备原是素昧平生,谈不上私人友谊,刘备也知道诸葛亮是杰出人才,一心想为己用。他依仗自己是中山靖王之后,同时利用人心尚未忘汉的机会,亲自去访问诸葛亮。三顾茅庐,才得相见,这种行为,表示了他的诚挚,诸葛亮无意当世,原是找不到合意的主子,但此时亲见刘备有建汉室雄图,对他又万分诚挚,才认为他是合意的主子。他虽几经挫折但从未灰心,以致"鞠躬尽瘁,死而后已"。因此,只有与诚挚的人交往,才可能有感人至深的友谊。

看人是否诚实,也就是看其人格,一个不诚实的人,其人格一定是低劣的；一个诚实的人，其人格一定很高尚。不诚实的人迎来的是周围人的贬责，诚实的人却能赢得良好的声誉。

3. 看他做人是否守信

商业要讲求商业信誉，没有商业信誉的企业迟早要归于失败。做人也如此，一旦失却做人的诚信，那就是人而无信。

我国自古以来就崇尚守"信"。"一言既出，驷马难追"的训导古已有之，而且，古人早把守信的人叫大丈夫，不守信的人自然就被视为小人。看一个人守信与否，可以断其人是大丈夫还是小人。

为了判断对方是不是一个表里如一的人，我们应仔细考察他平常的言谈举止。例如，秘书录入文件时出了差错，上司提醒他认真一点，但他很快又犯了相同的错误。此时，上司很可能把秘书看作一个言行不一致的人，因为他只在口头上抱歉，而实际行动却未加改善。

马来西亚文人朵拉写过一篇文章，题目叫《答应不是做到》。作者在总结人们的应酬交际活动时，提出了人们在交往中的一种不诚实、不信守诺言的现象。这类交际者"承诺时，态度看起来非常诚恳，但随着时间流逝，往往把说过的话当成风中的黄叶，霎时便无影无踪"。

《庄子》记载，有个养猴人对他的猴子们说："我早上给你们三个橡子,晚上给四个。"猴子听了都觉得势头不对,嗷嗷直叫,龇牙咧嘴。养猴人马上又对猴子们说:"那么,我早上给你们四个橡子,晚上给三个,怎么样?"猴子们就高兴起来了。猴子们的高兴大概只是暂时受蒙蔽所致。天长日久,聪明的猴子自然会悟出主人的狡诈和卑鄙,从此不再相信他,那时候,养猴人可就要自认倒霉了。

　　失信于人,不仅显示其品行不端,而且是一种只顾眼前不顾将来、只顾短暂不顾长远的行为,此人终将一事无成。

　　做人之道,大概没有比诚笃守信、取信于人更为重要的了。我们看一个人与人交往时,要看他是不是做到了诚实守信,若失去了这个根本,我们便可推知此人不可信,既不愿与他共事,也不愿与他打交道。

学会识破别人说谎的假动作

一个人在说谎时,不仅仅体现在语言上,还会辅之以假动作。通常的假动作有以下六个。

(1)掩嘴:拇指触在面颊上,用手遮住嘴的部位。这是一种明显未成熟、还带孩子气的动作。也许说谎者的大脑潜意识使他不想说那些骗人的话,从而做出掩嘴这一动作。也有人假装咳嗽来掩饰其捂嘴的动作,分散自己的注意力。如果一个同你谈话的人常伴有掩嘴的手势,说明他也许正在说谎话。可当你讲话时,听者掩着嘴,则有可能听者觉得你说的话令他不满意。有时,这种掩嘴的动作可能出现不同的形式:用指尖轻轻触摸一下嘴唇,或将手握成拳状遮住嘴。

(2)触摸鼻子:一个人说谎后,会有一种不好的想法进入大脑,于是会下意识地用手去遮捂嘴。但是,到了最后的关头,又害怕别人看出他在说谎。因此,只是用手很快地在鼻子上摸一下,马上把手放下来。当一个人不是在说谎时,他触摸鼻子,一般是要用手在鼻子上摩擦一会儿,或搔抓一下,而不是只轻轻触一下。

（3）揉眼睛：人们在说谎时，往往会去揉眼睛以避免与人的目光接触。男人揉眼睛通常较用力。如果是说大谎，他常常转移视线，如用眼睛看着地板。女性揉眼睛，一般都是在眼的下方轻轻地揉。这样做一是为了避免动作粗鲁，二是怕弄坏了自己化的妆。为了避开对方注视，她们常常看天花板。

（4）拉衣领：专家研究发现，当一个人说谎时，往往会引起敏感的面部和颈部组织的刺痛感，因而就必须用手来揉或搔抓。说谎的人感到对方怀疑他时，脖子似乎都会冒汗，这时他会下意识地拉一拉衣领。

（5）搓耳朵：搓耳朵的说谎者还会用手拉耳垂或将整个耳朵朝前弯曲在耳孔上。这种手势常暗示着听者没有听出谎言。搓耳朵的变化形式还包括拉耳朵，这种手势是小孩子双手掩耳动作在成人动作中的一种重现。

（6）挠脖子：说谎者讲话时常用写字的那只手的食指挠耳垂下方的部位。有趣的是，他们通常要挠上五次左右。

说谎者除了以上几种表现外，还有以下表现。

平时沉默寡言，突然变得口若悬河；不自觉地流露出惊恐的神态，但仍故作镇定；言词模棱两可，音调较高，似是而非；答非所问，或夸大其词；故意闪烁其词，口误较多；对你所怀疑的问题，过多地一味辩解，并装出很诚实的样子；精神恍惚不定，座位距你较远，目光与你接触较少，强作笑脸；对于你的讲话，点头同意的次数较少；等等。

辨认对方的假动作是一项非常重要的技巧，掌握这一技巧，可有效助你识破对方的谎言。

那么，怎样才能辨别人之真伪呢？识人难，但识别人的真伪并不是无章可循的。

（1）要不露声色地旁观。俗话说"旁观者清"，这句话有两个方面的含义：其一是说识人者须站在旁观者的立场上，才可以平心静气、比较客观、比较准确，才能超脱地进行多角度、全方位的观察。其二是被观察者只有在缺少戒备心理、不以取悦的心态进行"乔装打扮"时，呈现出来的才是淳朴的"真容"。

（2）要面对面地直观。旁观法识人主要是在旁观，而面对面地直察却要做正面接触，通过直接"交锋"而获取对一个人的认识。

如果知人、识人只停留在人的表象上，一些本质的东西也就无法准确把握。

隋朝的杨广，知道父皇母后不喜欢太子杨勇，便设法矫饰，只纳姬妾几人，与肖妃住在一起，住、食均很朴素。一次，其父杨坚到杨广的住处，看见乐器弓弦大多断了，又都蒙着尘埃，如同未用过一般，就以为他不好声色，大为称

"善"。杨广处处表现其仁孝：有一次观猎遇雨，左右给他拿来油衣，他说："士卒皆沾湿，我哪能独穿此衣！"令拿去。每次来朝，车马侍从，都很俭素；敬接朝臣，礼极卑屈。其声名日隆，超过诸王。临回扬州时，入内辞母，故作留恋，洒泪依依。杨广知其母意已属他后，便开始构设夺宗之计。由于杨广善于矫装，上下都称为仁孝，夺宗之计终于得逞。但是，杨广继位不久，隋朝便因其残忍、骄奢、淫乐而亡国。他正是以洁身达到淫荡的目的，以虚直掩盖其奸佞之行为。

似是而非,透过假象读懂对方

人世间有许多假象,人身上也有许多似是而非的东西。我们不要被假象迷惑,要透过现象看本质,才能发现和用好具有真才实学之人。

1. 华而不实的人

有一种人口齿伶俐,能说会道,口若悬河,滔滔不绝。乍一接触,很容易给人留下好印象,被人看作知识丰富又善表达的人才。但是,需要分辨他是不是华而不实。华而不实的人巧于辞令,而且能将许多时髦理论挂在嘴上,迷惑识辨力差、知识不丰富的人。

三国鼎立之时,北方青州一个叫隐蕃的人逃到东吴,对孙权讲了一大堆漂亮的话,并对时局政事做了分析,辞色严谨正然。孙权为他的才华颇动心,问陪坐的胡综:"如何?"胡(也是一个了不起的人才)说:"他的话,大处有东方朔的滑稽,巧捷诡辩有点像祢衡,但才不如二人。"孙权又问:"当什么职务呢?""不能治民,派小官试试。"考虑到隐蕃大讲刑狱之道,于是孙权派他到刑部任职。左将军朱据等人都说隐蕃有王佐之才，为他的大材小用叫屈。因此，隐蕃门前车马如云，宾客盈门。到后来，隐蕃作乱于东吴，事发逃走，被捉回而诛。可见，对似是而非之人的辨识的确不易。

2. 貌似博学的人

这一类人多少有一些才华，也能旁及其他各门各类的知识，似乎是博学多才的人。但是如果是博而不精、驳杂不纯，未免有欺人耳目之嫌。貌似博学者大多是青少年时读了些书、兴趣爱好广泛，但是因为小聪明，或者是未得名师指点，或者是学习条件与环境的限制，终究未能更上一层楼，去学习更精专、更广博的东西。待学习的黄金年龄一过，虽有精专的愿望，但已力不从心，最终学识停留在少年时代的高峰水平，不能再进一步。即便有这样那样的深造环境，由于意志力的软弱，也只能得到一些新知识的皮毛。这种人如果是以貌似多学而招摇撞骗，则为小人了。

3. 不懂装懂的人

不懂装懂的人，生活中着实不少，尤其以成年之后为甚，这完全是爱面子、怕人嘲笑的缘故。这类不懂装懂的人是最可怕的，他的不懂装懂会给企业带来许多损失。还有一类不懂装懂的人是为了迎合讨好某人，有的是违心而为，在特殊场合下不得不如此，但有的人是经常拍马屁，一味奉承，则为小人。

4. 滥竽充数的人

这一类人有一定的生活经验，知道如何明哲保身，维护个人形象。他们总是在别人后面发言，讲前面的人讲过的观点和意见。如果整合得巧妙，也是一种艺术，使人不能觉察他滥竽充数的本质，反而当作精辟见解。但这种人也有他的难处，如南郭先生一样，想混一口饭吃。如果没有其他坏心思，倒也不碍大事。否则，趁早疏远他为妙。

5. 避实就虚的人

这一类人多少有点儿才干，但总嫌不足，用一些旁门左道的办法坐上了某个职位。当面对实质性的挑战时，比如现场提问、现场办公，因无力应付，就很圆滑地采用避实就虚的技巧处理。按理说，这也是一门本事。这种人当副手也还无大碍，但应以小心为前提，否则他会捅出一个无法弥补的大娄子。

6. 鹦鹉学舌的人

这种人自己没有独到的见解和思想，但善于吸收别人的精华，再向其他人宣扬，不知情的人自然会把他当高人来看待。这种性质说严重一点是剽窃，这种人没有实际才干，但模仿能力强，也可加以利用。

7. 固执己见的人

这种人不肯服输，不论有理无理都是一个样。这类理不直但气很壮的人，生活中处处可见。对待他们的一个较好的办法是敬而礼之，不予争论。如果事关重大，则必须先说服他，才能使正确的政策方针得以实施。应分析他是哪一类人。若是本来贤明而一时糊涂的，以理说之，并据理力争，坚持到底；若是私心太重而沉迷不醒的，则用迂回之道，半探半究地讲到他心坎上去。

表里不一，看破掩饰者的内心

为了某种需要或者有难以直言之处，人们有时常想隐瞒自己真实的思想情绪，而出现口是心非、表里不一的状态。

达尔文有一次半认真地说："大自然是一有机会就要撒谎的。"自然界的一些动物具有弄虚作假的本领，这已被科学家们证实。

有位作家说："我们几乎在会说话的同时，也学会了撒谎。"小孩为避免遭到斥责而撒谎，大人撒谎的动机就多种多样了。可以说，从来没有撒过一次谎的人是很少的。

心理学专家们主张通过阅读"体语"去测谎。

在自然状态下，人的表情这一"体语"就比口头言语能更真实地流露内情。下面，让我们先来看一看撒谎者的表情特征吧！

一次，美国加利福尼亚大学心理学教授埃克曼通过反复看电影，终于发现了他所需要的线索。

这时的银幕上是三度设法自杀而被禁闭于精神病院的家庭妇女玛丽，当她向医生要周末通行证时，在银幕上显得活泼而自信。她的谈话很有说服力，因而得到了通行证。但是，随后她承认刚才是在说谎，她不过是想出去再次自杀。

放慢电影胶片的运行速度，埃克曼发现她的面部表情转为绝望。这个不易察觉的表情仅持续了1/24秒，却流露出了真情。

埃克曼在他的新书《鉴别说谎》中写道：破谎术是一门任何人都能学会的技巧。因为在撒谎期间，多数人不知不觉地泄露了大量的信息。要判断真实与否，须密切注意说话者的面部、躯体、声音所发出的信号。他说："说谎者通常是不能控制、支配、掩饰自己所有行动的。"

至于善意的谎话，那是非有不可的。为了勉励别人，或者安慰癌症患者所说的谎话，是没有人会产生非议的（对于癌症患者，要不要把实情告诉他，这是很难决定的）。

还有一种"幻想的谎话"为数也不少。有些人整天陶醉在自己的梦幻世界里，经常痴人说梦、自欺欺人。谎话的定义很广。人在行为上所表现出来的虚伪，也是谎话的一种。有一种人，在人前一本正经，说的话也非常动听，可是他在独处时的一举一动却与人前所表现的截然不同。

穿衣、化妆也可以说是一种谎话。说话时一点儿都不夸张的人，大概也很少见。因此严格地说，不会说谎的人是绝无仅有的。

"威严"也是一种演技，因为天生就具有威严的人是很少的。例如有一个人，当他还是一名小职员的时候便成天嘻嘻哈哈的，没有半点架子和威严，一旦他的职位上升，威严便随之而来。

依照潜意识理论，谎话又可以分为有意识和无意识两种。有意识的谎话，是为了达到某种目的而说的，例如"欺诈"就是一个很好的例子。在公众场合为了表现自己所说的夸大的谎话，也是有意识的谎话。

无意识的谎话，是指没有动机、没有目的而说的谎话。例如小孩子的谎话、习惯性的谎话等。虽然自夸、客套也属于有意识的谎话，但成为习惯之后也就变成无意识的谎话了。

如果要透视"不可原谅的谎话"，我们应从研究谎话的构造和动机开始，才能达到预期的效果。

埃克曼归纳出了撒谎者会流露的一系列表情特征，从而为人们提供了许多有益的识别日常说谎者的方法：

（1）几乎所有真实可信的面部表情4~5秒后就会消失，因此拖长的微笑或拖延的惊讶表情，可能是虚假的。

（2）说谎者的面部表情和身体动作通常不是同步发生的，猛敲一下桌子而停顿下来才显出怒容的人可能正在作假。

（3）扭曲的或不对称的面部表情通常是欺骗人的。

（4）接受实验的人中，当他们心烦、担忧、生气时，

70%的人的声音会突然提高。这是发现他们可能在说谎的一条线索。

（5）讲话中常发生言语中断和口误、奇怪的停顿等现象，也可以看出是在说谎。

（6）技艺高超的破谎者还须密切注意观察人的面部肌肉活动，因为对多数人来说，一些面部肌肉活动几乎无法伪装。例如，真正悲哀的人会内眉角上挑。此外，说谎者还有一个富有启发性的特点，即随意移动眉毛的这一部位，而不说谎的人只有大约10%的时间移动眉毛的这一部位——内眉角。

另外，压制感情的面部表情一闪又迅速恢复常态，这也是说谎者的表情特征之一。

撒谎的重要迹象是在姿势这一"体语"方面出现"泄露标志"。一个伪装面部表情的人，常会在体姿方面泄露天机。如某人撒谎时，指指点点、比比画画的手势往往戏剧性地出卖了他自己。

手势不易伪装的原因在于，当人的大脑进行某种思维活动时，会支配身体的各个部位发出各种细微信号，这是人们不能控制且也是难以意识到的。当人做出一种伪装手势的时候，他的细微信号和他的有声语言就会出现矛盾。

现实生活中，某些犯罪者在撒谎时也曾企图以各种方式遮掩，利用说谎者的规律尽力将自己的身体隐蔽起来，避免过多地暴露矛盾的细微信号，以避重就轻、蒙混过关。这也就是警察在审讯时往往让犯罪者孤零零地坐在没有靠背的凳子上，或将他置于灯光之下的缘故。这样一来，审讯人员才能清楚地看到犯罪者在回答问题时的身体活动和发出的细微信号。如果让一个说谎者坐在桌子后面，把部分身体隐蔽起来，或者坐在暗处，或在电话中交谈，那么，谎言就容易被掩盖，难以得出真实的判断。

通过注意一些人的音调和用词特征，可以辨别他是否在撒谎。这是"体语"在语言研究中的新发现。

一些研究表明，当一个人撒谎时，他的平均音调比说真话要高。因此，"听声"能判断出一个人是否在撒谎，下述的这个实验就可以证实。

一群大学生听过几位隐藏起来的人说话后，被要求判断隐藏者说的话是真是假。隐藏者说的是诸如"我戴着一条绿色领带""我的名字是某某某"或者"我早餐吃的是面包和鸡蛋"等的短句子。结果绝大多数学生根据音调的高低做出的判断是正确的。

《宋书·刘怀慎传》记载，宋世宗的宠姬殷贵妃死了，丧事甚隆，但臣民很少下泪。一日，皇上见一名唤羊志者，哭之甚哀，即加恩赏，人们下来问羊志，何以有那样多的眼泪，羊志说："我哪里是哭她，我是哭我自己死了老婆。"宋世宗凭着直观没有把羊志看透，这说明一个浅显的道理：没有大脑的科学全面的分析判断，光靠眼睛是靠不住的。

"阅读"体语最易犯的严重错误，也是"直观盲目症"，即只观其一、不看其二。

人体语言同其他语言一样，包括单词、句子和标点符号。每一种表情、每一个姿势都像一个独立的单词，在不同的句子中可以有几种不同的意思。只有当你将这个"单词"放在一个具体的"句子"里时，才能完全理解它所表达的意思。所以，在"阅读"时要注意联系。

比如，搔头手势具有以下几种不同的意思："搔头垢""搔头痒""轰苍蝇""擦汗""迟疑""忘事""撒谎"。到底某人眼下的这一动作表示的是其中的哪一种意思呢？这往往只能在同时观察与搔头这一动作有连带关系的其他手势后，才能得出正确的结论。

一只张开的手意味着什么？往往并不总是邀请的意思，因为这对任何人来说都很明显，同样是抬起手的姿势，向外张开手心可以解释为"停住"，而不是"去吧"的意思；若手心向里并且手指在身体一侧摆动，可以解释为"过来"或"进来"的意思等。坐在椅子上跷起二郎腿这种姿势，在不少人看来是轻松的表现。可是，登上牙医手术台的初诊病人，也多半采取这种姿势，这就证明这种姿势是紧张的表现。飞机上的空姐通过日常的观察，知道在飞机起飞时跷起二郎腿的乘客大多很紧张，于是对于这类乘客就会给予特殊照顾。交叠的双腿或伸直的双腿能使人看出一个人的情绪，看出他的即时感情状态,但也有可能什么意思也没有。因为有的人的这个动作纯粹是一种生理习惯。在我们将双腿交叠确定某种意思前,必须了解生理上的原因。记住:并非每一种动作都可以被理解为有意义的"体语"。同时,皱眉可以被理解为一句话的中间停顿,在另一种情况下也可能是"心里冒火"或"讨厌"的信号,或者是思想集中的表现。如果我们仅仅看面孔,就不可能理解皱眉的确切含义,所以我们还必须知道这位皱眉者在干什么。

在交往中,不少人有"怯场"的现象,即在大庭广众之下感到不自在,这就是社会心理学上所说的"社会顾虑倾向"。在这种倾向的影响下,有时人们的"体语"也会发生变化,这就给正确"阅读"体语增添了复杂性。

说谎的人本身就是一个弱者。假如一个人具有深刻的洞察力,能够随时判断什么事应当公开做、什么事应当秘密做、什么事应当若明若暗地做,而且深刻地了解这一切的分寸和界限,那么,这种人是有智谋的。而对于这种人来说,说谎不仅不必要,而且足以成为一种弱点。但对于一个不具备这种洞察力的人来说,他就不得不经常依靠诈术来欺人,从而成为一个骗子。

欺人之术有三种。第一种是沉默,沉默使别人无法得到探悉秘密的机会。第二种是消极地掩饰,即只暴露事情中真实的某一方面,目的是掩盖真相中更重要的部分。第三种是积极地掩饰,即故意设置假象,掩盖真相。经验表明,善于沉默者常能获得别人的信任。因为沉默者肯定有机会听到最多的坦陈之语,没有谁会愿意向一个长舌人披露隐私。

一个善于沉默的人,常显得有尊严。所以说,善于沉默是一种修养。我们可以发现,那些饶舌者往往是空虚的人。他们不但议论他们知道的事情,而且议论他们所不了解的事情。此外还应当注意,在观察人的时候,最微妙的莫过于注视他的嘴部线条,表情是内心的显露,其引人注意的程度和取得信任的力量甚至超过语言。

装假有时是必要的。尤其在一个人对某件事知情却又不得不保持沉默的时候。因为对一个可能了解内情者,关心的人一定会提出各种问题,设法诱使他开口。许多人之所以说假话,有时正是为了保持必要的沉默,而不得不穿上的一件罩衣。

一个人起初也许只是为了掩饰事情的某一点而作伪,但后来他就不得不做更多的伪装,以便掩盖与那一点相关联的一切。作伪的需要来自三点:一是为了迷惑对手;二是为了给自己准备退路;三是以谎言为诱饵探悉对手的意图。正像人们所说的那样:说一个假的意向,以便了解一个真情。

但作伪有三种害处:第一,说谎者永远是虚弱的,因为他不得不随时提防被揭露;第二,说谎将使人失去合作者;第三，也是最根本的害处，即说谎将使人失去人格——毁掉人们对他的信任。

因此，比较明智的做法就是努力保持正直真诚的名誉，培养善于保持沉默的作风，掌握掩饰真情的适当分寸。

学会用心体会和认清对方

也许你看到周围的每个人都对你笑脸相迎、赞赏有加，于是你也对他们展开了欣喜的笑颜，并敞开心扉与人称兄道弟，以不设防的真诚和善良对待他人。然而，当你带着这份欣慰和期待大胆地前行的时候，有时候却突然发现，原来有些微笑并不是发自人们内心的，有些笑意背后甚至还隐藏着尖刀和陷阱。

有些人在难过的时候，可能微笑着巧妙地掩饰，在兴奋的时候，又可能故作沉思状低头不语。因此，这时他说出来的话、做出来的事不一定出自内心的本意。这样的人，让你很难从他脸上的表情或者言谈举止来断定其心情和目的。

所以说，人心的复杂，不是一眼就能看清的。有人说"知人知面不知心"。无论你是多么真诚、善良、有责任心，都无法控制周围人的道德品质。身边总会有一些虚伪、两面三刀、口蜜腹剑、落井下石的人。一不小心儿，你就会变成他人攻击的对象。

小琪为了工作方便，租了一个离单位很近的房子。一个人住难免感到寂寞，所以当对面的邻居女孩在门口探头探脑时，小琪会热情地招呼她进来坐坐，喝杯茶聊聊天。

既然是闲话家常，就难免随口附和。聊天时，女孩说楼下的孩子练小提琴的声音像锯木头，小琪就随声附和："是呀，刚学小提琴拉得是不好听。"女孩说楼上的王太太洗完衣服不甩干就往外挂，衣服上的水滴滴答答往下滴，她也附和一句："这样是不太好。"

结果没过两天，楼下的邻居就知道了小琪批评她家的孩子拉小提琴难听，楼上的王太太在电梯里碰到她也冷面相对。

就这样，小琪的人际关系被那个邻居女孩搞得一团糟。从那以后，她宁愿一个人关在屋子里对着空气自言自语，也不敢再和那个女孩拉家常了。

小琪的无心之语却给她的人际关系带来了不好的影响，主要是她太相信那个邻居女孩了，没有认清对方的本来面目。

在竞争日趋激烈的今天，许多自私的人为了自己的利益而不讲行为准则、不讲社会道德，许多拥有一技之长或佼佼出众者被他们定为"袭击目标"。刚走入社会的年轻人，不要把这个社会想象得太单纯，不要让人一眼就看穿，更不要被人牵着鼻子走。

在某单位大楼，于晔办公室就有这样一位表面不声不响、笑容可掬,背后却使刀子的阴险女性。她长得很漂亮,就是业务不行,别人都说她是个"绣花枕头"。于晔还替她打抱不平,心想人家能够得到提升那是靠实力!因为于晔把她当好朋友,平时对她没有丝毫戒心。而她也经常同于晔聊天,说一些心里话。

与此同时,于晔的另一个同事提醒于晔:"离她远一点,你的哪句话说不准会传到领导的耳朵里去呢!"于晔还说:"不可能。"同事就急了:"不相信我的话,到时候吃亏了你可别后悔。"可于晔实在看不出她有什么地方不好。

同事的提醒没有引起于晔的重视,她们的关系一如往常。她每次出差回来,都捎些小礼品和小吃之类的东西送给于晔,使于晔觉得很温暖。

有一年夏天,单位有个去北戴河度假的机会,在办公室里无论是工作成绩还是群众测评分数,大家都认为这个机会肯定是于晔的。没想到却让她去了,尽管于晔心里很纳闷,但依然没往心里去。

直到第二年,于晔该晋升职称了。她的条件完全符合晋升标准,但结果出来时于晔很吃惊,和她条件差不多的人都晋升上去了,唯独没有于晔。于晔心下难平,便去找领导。领导没有正面谈这件事,反而列出了一通于晔的不是:什么说话总犯自由主义、没有群体意识、没有发挥好共产党员的作用。后来,于晔才终于想起这些话自己只对一个人说过,那就是她。

狐狸尾巴终于露出来了。于晔当时真是恨死她了,这时的于晔也才真正明白了江湖险恶。

在生活和工作中,很多年轻人或许一直都很努力,将自己的本职工作做得很好,但还是会不顺利,究其原因,多半与遇人不淑、遭人陷害有关。

因此,年轻人一定要用心体会,认清对方是何方"神圣",只有看明白了对方的为人,你才能在与他人的交往中不被伤害。唯有很好地认人识人,你的工作生活才能不被别人左右,才能由自己主宰。

人的言谈和声音体现内心世界

一个人的言谈在很大程度上能体现一个人的内心世界,因为言谈的内容和方式往往是一个人品性和才智的表现。年轻人在与人交往时便要懂得听声辨音,从对方的声音中看出对方的真实意图,因为在某些情况下,人的声音会泄露许多"秘密"。所以,有时候通过对一个人声音的揣摩,对方的聪慧愚笨、贤能奸邪就可以判断出个大概来了。

明洪武初年,浙江嘉定安亭郡的首富是一个名叫万二的人,他是元朝的遗民。一次,有人自京城办事归来,万二向他打听在京城的见闻,这个人说:"皇帝最近做了一首这样的诗:'百僚未起朕先起,百僚已睡朕未睡。不如江南富足翁,日高丈五犹披被。'"万二一听叹口气道:"唉,灾难来临的迹象已经有了!"他马上将家产变卖、财产储藏,自己买了一艘船,载着妻子向江湖泛游而去。两年不到,江南大族富户都被收缴了财产,门庭破落,唯有万二逃过了这场劫难。

万二通过皇帝的一首诗,意识到了不久的将来江南富户会有危险,于是提前"逃之夭夭",顺利避开了劫难。这说明，分析判断人的言语，是洞察人的心理奥秘的有效方法。从某种意义上说，言语是一种现象，人的欲望、需求、目的是本质。现象是表现本质的，本质总要通过现象表现出来。

言语作为人的欲望需求和目的的表现，有的是明显直接的，有的是隐晦间接的，甚至有时候是完全相反的。对于那些直接表达内心动向的语言来说，每个人都能理解，正常的、普通的人际交往，就是以这种语言为媒介进行的。而那些含蓄隐晦甚至以完全相反的方式表现心理动向的言语，就不是每个人都能理解的，人与人的差别大多也就体现在这里，所以说，若能够举一反三、触类旁通，就能够发现人的深层动机，而获得这种能力的方法，也就是言语判断法。

比如，偶遇个性不投的朋友，往往说出社交辞令，客套邀约："哎呀，哪天到舍下坐坐嘛！"其实心里的本意可能是："糟糕，又遇上了，赶紧开溜为妙。"这种与本意相反的行为，就需要你能够举一反三、触类旁通。

因而，通过人们发出的不同声音和说出的不同话语来透视一个人的心术，是很有道理的。声音可细分为声与音两个方面来说，既可由声来识人也可由音来识人，但在实际运用中，通常都是用两者结合来识别人的心思的。

石勒是古代羯族的民族英雄。他在14岁的时候随着同乡经商到洛阳，曾经倚着上东门长啸。王衍恰好从此处经过，当他听到啸声，感到这个孩子非同一般，便对手下人说："刚才那个胡人,我听到他的啸声并观其相貌,他一定是个心怀异志的人,将来恐怕会成为天下的祸患。"当即派人去追,可石勒早已逃走了。

另外,可以帮助我们观察人、了解人的除了一个人的声音之外,那些被人调弄演奏的乐器也可以反映调弄、演奏者的心理状态,这绝不是危言耸听。声音从人的喉舌发出,而乐器的声音则由人的手弹拨打击乐器而产生,人的喉舌虽然与乐器有很大的不同,但与产生声音的原始的、内在的动力则是一样的。

《吕氏春秋·季秋纪·精通篇》中记载:钟子期夜晚听到击磬的声音,他感到这种磬声十分悲伤,便派人把击磬的人召来问道:"您击磬的声音为什么那样悲哀呢?"击磬人回答说:"我的父亲不幸因杀人而被处死,我的母亲也因此被罚为公家酿酒,我被罚做公家的击磬人,我已经三年没有见到母亲了!每天我都思量着如何能赎回母亲,可是一点儿办法也没有,因为连我也是公家的财产,因此心中十分悲哀!"钟子期感慨道:"伤心啊!伤心啊!人心不是臂膀,臂膀也不是木椎、石磬,但是人的心里伤心悲痛,而木椎、石磬却都有感应!"

所以,有识之士能够从一个人的内心焕发出来的声音中分辨其修养和性格。如果刚刚步入社会的年轻人也能够掌握这种技能,那么在人生的发展道路上必然可以大有作为。

语言是人类沟通的工具,从一个人的言谈中就足以知悉他的心意,但是有时候,若对方口是心非,就需要你用心去体会其真正意图了。这种人往往将意识里的冲动与欲望,以及所处环境的刺激经修饰伪装后,用反向的话语表达出来,令你摸不清实情。但是伪装得再完美的东西也终究会留下破绽,只要仔细地研究揣摩,你就能发现其中的破绽。

眼见不一定为实

每天我们都会从周围世界中接收到很多的信息,而这些信息只有经过处理才能变成有用的信息。信息传递的失误及分析处理的错误都会导致误会的产生。年轻人大多信奉"耳听为虚,眼见为实"的原则。但有时候眼见不一定为实,所以你不要被表面现象蒙蔽。

《吕氏春秋》里面有这样一个故事:

孔子曾经周游列国,他被围困在陈国的时候,有一次竟然接连七天都没有饭吃,饿得头晕无力,只好大白天也躺在床上睡觉。后来,弟子颜回好不容易弄回来一点儿米煮了一顿饭。当饭快煮好的时候,孔子恰好起床来到了厨房,看见颜回正在抓甑子里头的饭吃。孔子没有声张,悄悄地回到了床上。不一会儿饭煮好了,颜回去拜见孔子,并且献上饭。孔子假装没有看见刚才颜回抓饭吃的行为,站起来说:"我今天梦见了我的父亲,要用这些干净的饭来祭他。"颜回立刻说道:"不行,刚才煤渣掉进了甑子里,扔掉这些带有煤渣的饭很浪费,我就抓来吃了。这些饭并不干净。"孔子听了,感叹地说:"所信者目也,而目犹不可信;所恃者心也,而心犹不足恃。弟子记之,知人故不易矣。"

这个故事告诉年轻人,有些事情,即使是我们亲眼看到的,也不一定就是真实的。孔子亲眼看到颜回从甑子里抓米饭吃,就断定颜回是在偷吃,因而怀疑颜回的品行。颜回解释后,他才发现原来是个误会。所以,他才感叹知人不易。

事实上,一些事情的发生,有时候并不像你看到的那样简单,却也不像你看到的那样复杂。

有一天,林先生正在一家超市购物,突然,他看到了可怕的一幕:一名男子躺在地上,满地是血,而另一个大块头男人正骑在他身上,这个大块头男人看起来有些疯狂,好像是在用手掐身下那个男人的脖子。

林先生当时的第一反应就是报警,然后赶快通知超市经理,于是,他冲进经理室,快速地跟经理说明了这里的情况。

当经理和他一起跑回"凶案现场"的时候,警察也赶到了。人们终于弄清楚是怎么回事了。原来,躺在地上的男人喝醉了酒,自己跌倒在地上,磕破了头,流了不少血不说,而且还在极力地自残。在他身上的那位高大男子,见到这种情况,立刻上前去阻止他进一步自我伤害,那只看似掐住醉酒者脖子的手其实是在帮助他松开领口。

后来,林先生说如果不是再一次返回现场了解到事情的真相,也许他会在法庭上做证,说自己目睹了一场凶杀案。

所以说，我们并不能在第一时间判断一些事情的真假，我们看到的、听到的只是表面的现象，有时候，仅仅透过一些表面现象，我们是无法看到事情背后的本质的。比如，当你的合伙人向你建议应该购买某种产品时，你就认为这种产品真的有投资价值。或者有人告诉你一个朋友说过你的坏话，你就认为那个朋友真的对你不满；又或者你看到有同事离开了公司，就认为这个公司没有发展前途。然而，事实或许并非如你所看到和预料的一样。合伙人向你建议购买某种产品，或许是因为他在背后收了对方的"好处"；有人跟你说朋友在背后说过你的坏话，其实是想挑拨离间；而你的同事离开公司也并不一定是因为公司没有发展前景，而是他有个人的发展规划。因此，我们不能轻易地相信各种外来的信息，而是要善于运用自己的头脑，综合多方面信息再做出自己的正确判断。

年轻人对待事物时要有一种批判性思维。所谓批判性思维就是基于充分的理性和事实，而非感性和传闻来进行理论评估与客观评价的能力和意愿，是一种怀疑的态度和一种对证据的渴求。也就是说，要对自己所看到的东西的性质、价值、精确性和真实性等各方面做出个人的判断。

养成批判性思维能力，有利于应付复杂多变的世界，也能够让你更加准确地看透人心，从而使你的人生之路更加顺畅。

不要再单纯地用自己的思维去看待这个社会和现实，以及人际关系。你需要用心去生活,要学会全面思考问题,这样在做出一些决定的时候才不会太偏执,才能做出正确的或者最接近目标的决定。否则,一旦因为自己单方面对事情的理解而走错了路,不仅会浪费自己的时间,也会浪费自己的精力。

第七章 求人办事要有方略

求人办事，在使用说话技巧时，
既要根据对方的性格选择合适的话术，
也要结合具体的时机和场合。
另外，求人办事时不能一味倾诉、
只谈自己的事，
关键还是在说清楚诉求后诚心诚意地听取别人的意见，
表达对别人的尊重，
如此，别人才更有可能帮你办事。

求人办事要选择时机

求人办事,把握住时机是非常重要的。当我们摸清了对方的心理,并等到了一个合适的时机时,应该学会当机立断,避免犹豫不决,贻误良机。只有这样才能迅速达到自己的目的。

一个人办事能否成功,除了依赖一定的条件之外,机会的作用是不可忽视的,就连韩愈也在他的《与鄂州柳中丞书》中写道:"动皆中于机会,以取胜于当世。"

比如,你要升官晋职。正好原来的职位出现了空缺,这个空缺就为你创造了一个升迁的机会。如果在这个机会来临之时你却不知道想办法抓住,甚至是在工作中犯了错误,那这个职位就会与你失之交臂。

也许有人对此不以为然,他们总认为自己的提升是因为自己拥有某些才能。这种说法带有很大的片面性。因为谁都知道,一个人被提升时,首先要有职位。没有空出的位置,任你才高八斗、学富五车,也不会被提拔到一个"悬空"的位置。当然,我们也不否认才能在提拔中的作用。

时机对于办事效果就是这样,时机不出现,有时任你费尽九牛二虎之力,也办不好、办不成功;一旦时机出现了,你不想办,却反而歪打正着,然而这属于一种非普遍的机会。

就正常而言,大多数办事机遇都是办事主体努力创造的结果,如下级主动承担某项重要工作而获得了广为人知的成绩、显露出了惊人的才华,从而引起领导的重视、赏识而晋升成功。

所以,要想办事成功,关键还是要靠自己的主观努力来把握住时机。

把握住时机,最重要的是要认清时机。所谓时机,就是指双方能谈得开、说得拢的时候,对方愿意接受的时候。一个人在车祸丧子的悲痛中还没解脱出来,你却上门托他给你的儿子保媒说媳妇,无疑会碰壁。因此,只有掌握好时机,才能提高办事的成功率。下面的这两种时机可以说是求对方的好时机。在办事过程中,你一定要注意牢牢抓住机会,才能取得事半功倍的效果。

1. 在对方情绪高涨时

人的情绪有高潮期,也有低潮期。当人的情绪处于低潮时,人的思维会显现封闭状态,心理具有逆反性。这时,即使是最要好的朋友赞颂他,他也可能不予理睬,更何况是求他办事。而当人的情绪高涨时,其思维和心理状态与处于低潮期正好相反,此时,他比以往任何时候都心情愉快,表面和颜悦色,内心宽宏大量,能接受别人对他的求助,能原谅一般人的过错,也不会过于计较对方的言辞;同时,待人也比较温和、谦虚,能听进对方的意见。因此,在对方情绪高涨时,正是我们与其谈话的好机会,切莫错失良机。

2. 在为对方帮忙之后

中国人历来讲究"礼尚往来""滴水之恩,当以涌泉相报"。在你帮了他一个忙后,他就欠下了对你的一份人情,因此,在你有事求他帮忙的时候,他必然知恩图报。在不损伤对方利益的前提下,他能做到的事情一般都会竭尽全力去帮助你。"将欲取之,必先予之",托人办事的时机,我们是可以进行预先创造的。

求人办事先为自己留好退路

在这个世界上，我们毕竟不能独来独往。办自己的事情时有时会涉及别人的利益。因此，我们在处理事情的过程中必须全盘衡量、把握分寸，协调好各方面的利害关系，在争取自己利益的同时绝不能伤害他人。这就要求我们在办事情时先为自己留好退路。

东汉时期，光武帝的姐姐湖阳公主新寡，光武帝有意将她嫁给宋弘，但不知她是否同意，于是就和她一块儿议论朝廷大臣，暗暗地观察公主的心意。后来，公主说："宋弘的风度、容貌、品德、才干，大臣们谁都比不上……"光武帝听后更有意要促成这门亲事。没过多久，宋弘就被光武帝召见，光武帝叫湖阳公主坐在屏风后面，然后，光武帝带有暗示性地对宋弘说："谚语云：'贵易交，富易妻。'这是人之常情吧？"宋弘说："古语说，'贫贱之知不可忘，糟糠之妻不下堂'。共患难的妻子是不应该被赶出家门的。"光武帝听完后，转头对屏风后面的公主说："事情不顺利啊！"

很显然，这件事属于不该办的事，因为臣子宋弘有妻室，如果皇帝办成了这件事，虽然在当时不属违法行为，却是违背情理的。当然，皇帝也知道，所以就事先为自己留有退路，借用"贵易交，富易妻"来表达，宋弘以"贫贱之知不可忘，糟糠之妻不下堂"来回应，既保住了皇上的面子，也巧妙地推脱了婚事。

所以，当有人违背你的人生信念而托你办事时，你也绝不能因贪图一时之利而不负责任地答应他、纵容他，一定要慎重考虑可能引起的后果。如果有人想整治别人而编造假的事实，求你出面做伪证，或者有人想让你同他一起干违法乱纪的勾当，如果你不想与其同流合污，就应有勇气拒绝这类无理的要求。

另外，在办事情时，既要考虑到成功的一面也要考虑到有失败的可能，两者兼顾，方能周全。在欲进未进之时，应该认真地想一想：万一失败怎么办？以便及早地为自己留一条退路。

《战国策》中有一句名言叫"狡兔三窟"，意指兔子有三个藏身的洞穴，即使其中一个被破坏了，尚存两个；如果两个被破坏了，还剩一个。这就是一种居安思危的生存方式，也是一种有先见之明的预防策略。在办事中，我们不妨学学这一招。

用最大的努力去争取好的结果，同时做好失败的心理准备和应变措施。这样办事情就能以不变应万变，永远立于不败之地了。

求人办事不要急于求成

有些人在求人办事时心急火燎,巴不得对方马上着手就办。如果对方一两天没了动静便沉不住气了,一催再催,搞得对方很不耐烦。这不是求人的正确态度。也许,对方有自己的难处,不得不慢慢做打算;也许,他真的无能为力。不过,无论对方处于什么境况,我们都必须有不急不躁的耐心。请记住:一旦求了人家,就要充分相信对方。

春秋战国时期,魏国打算发兵征伐中山国。有人向魏文侯推荐一个叫乐羊的人,说他文武双全,一定能攻下中山国。可是,有人又说乐羊的儿子乐舒如今正在中山国做大官,怕乐羊不肯下手。

后来,魏文侯了解到乐羊曾经拒绝了儿子奉中山国国君之命发出的邀请,还劝儿子不要再为荒淫无道的中山国国君效力,魏文侯这才决定重用乐羊,派他带兵去征伐中山国。

乐羊带兵一直攻到中山国的都城,然后按兵不动、只围不攻。几个月过去了,乐羊还是没有攻打,魏国的大臣们都议论纷纷。可是,魏文侯不听他们的,只是不断地派人去慰劳乐羊。

可是，乐羊照旧按兵不动，他的手下西门豹忍不住询问乐羊为什么还不动手，乐羊说："我之所以只围不打，还宽限他们投降的日期，就是为了让中山国的百姓们看出谁是谁非。这样，我们才能真正收服民心！"

又过了一个月，乐羊终于发动攻势，攻下了中山国的都城。乐羊留下西门豹，自己带兵回到魏国。

魏文侯亲自为乐羊接风洗尘，宴会结束后，魏文侯送给乐羊一只箱子，让他拿回家再打开。

乐羊回家后打开箱子一看，原来里面全是自己攻打中山国时，大臣们诽谤自己的奏章。

假如当初魏文侯听信了别人的话而沉不住气，中途对乐羊采取行动，那么将是另一番结果。

同样的，求人办事就像打一场战争。在这场战争中，你会遇到各种各样的突发、棘手的问题，只有那些心理素质好的人才有能力打赢这场战争。相反，急功近利的小人往往欲速则不达。

另外，还应注意：求人办事不同于求己，人家前因后果、方方面面总是要考虑的，有时候还要故意地做些姿态，让你看看。这时候，你只能平心静气地等待，你不能老去打听、催问结果，这样不仅会让对方感到厌烦，而且会觉得你不信任他们。所以，求人办事不能急于求成，只有这样才能让事情朝好的方向发展。

无论办事成否都不要得罪人

　　无论是在求人办事还是在给人办事时,不论是否办成都不应该得罪别人。俗话说:"多一个朋友多一条路,多一个敌人添一堵墙。"我们应尽可能少树敌,更不可过多地得罪人。

　　春秋战国时期,齐国大夫夷射在接受国王的宴请后,酒足饭饱而出。此时,担任王宫守门的小吏则跪请求说:"给我一点儿酒喝吧!"夷射斥责则跪说:"一个下贱的守门人也想饮用国王的美酒吗?滚开!"夷射走远后,则跪非常气愤,他将碗里的水泼在郎门的接水槽中,水的颜色类似小便。

　　天明以后,齐王发现了,就对则跪呵责说:"昨天晚上,是谁在此处小便?"则跪回答说:"我没看见,但昨天夷射在这地方站立过。"齐王大怒,因此诛杀了夷射。

　　一个卑贱的守门人因为被大臣侮辱,竟然设计要了大臣的命,由此可见树敌的害处。

　　香港巨富胡金辉在介绍他的成长之路时曾说:"处世方

面我觉得最重要的就是千万不要得罪人！越有地位，越应该不得罪人。"

在办事时得罪别人，很容易将自己逼入困境。例如，美国总统林肯以伟大的业绩和完美的人格获得了人们的衷心敬仰，他的许多事迹被人们世代传颂。但他在成长道路上也曾因为经常得罪人而经历了不少的坎坷。

美国第16任总统林肯年轻时，不仅专挑别人的缺点，还会写信嘲弄别人，且故意将信丢弃在路旁，让人拾起来看，这使得厌恶他的人越来越多。

后来，他到了春田市，当了律师，仍然不时在报上发表文章为难他的反对者。有一回，他做得太过分了，竟把自己逼入了困境。

当时，林肯嘲笑一位虚荣心很强又自大好斗的爱尔兰籍政治家杰姆士·休斯。他匿名写的讽刺文章在春田市报纸上发表以后，市民们引为笑谈。这惹得一向好强的休斯大发雷霆，他打听出作者的姓名后，立刻骑马赶到林肯的住处，要求与之决斗。林肯虽然不想同意，却也无法拒绝。身高手长的林肯选择了骑马比剑，请求陆军学校毕业的学生教授剑法，以应付密西西比河沙滩的决斗。后来，在双方监护人的排解下，决斗风波才告平息。

这件事给了林肯一个很深的教训，他认识到得罪别人的事就连最愚蠢的人都不会做。而一个具有优秀品质并能克己的人,却常常是扬弃恶意而使用爱心的人。从此,林肯改变了自己对人刻薄的做法,以博大的胸怀赢得了民心。

美国前副总统安格纽以失言出名。他曾激烈指责新闻界的是非,他说:"老是发表反政府的言论的大众传播物,简直是叛徒。"这句话在新闻界引起了极大的风波,招致了新闻界的合力围攻,即使他要收回这句话也已经太晚了。后来,《时代杂志》的哥拉姆斯特分析说,这只怪安格纽用错了一个字,如果把Massmedia(大众传播物的复数形式)换作Massmedium(单数形式),就不会引起轩然大波了。这是因为,以复数代替单数等于指责了所有新闻广播界,触犯了众怒。所以,如果我们要表示指责或批评时,应尽量采取"有的人""个别人"这样的单数称谓,不要由此而招来别人的怨恨。

以上事例都说明这样一个道理:办事时不可轻易得罪别人,否则只会是自找麻烦,增加办事的难度。

我们在办事时总会时不时地遇上一些小人,因此和小人保持距离就成为办事者必须遵守的规则。因为小人心胸狭隘会给自己带来很多的麻烦。

有不少人疾恶如仇,他们对小人不但敬而远之,甚至还抱着仇视的态度。但是,在办事的时候你要记住:千万不要疾恶如仇,否则,事情必定不会办成。

在这种情况下,最好的办法就是同小人保持距离!唐朝宰相杨炎对小人的态度恰恰说明了这一点。

当时，杨炎与卢杞同为宰相，但杨炎是中国历史上著名的理财能手，他提出的"两税法"为缓解当时中央政府的财政困难立下了汗马功劳。后来的史学家评论他说："后来言财利者，皆莫能及之。"可见，此人确实是个干练之才，受时人的器重和推崇。此外，杨炎一表人才，而且博学多闻，精通时政，具有卓越的政治才能。然而，杨炎虽有宰相之才，却无宰相之度。尤其是在处理同僚关系的问题上，他恃才傲物、目中无人、疾恶如仇。对卢杞这样的奸诈小人，他根本就没有放在眼里，缺乏政治家应具有的圆通处世韬略。

卢杞与杨炎结怨后，千方百计图谋报复。不久机会终于来了。节度使梁崇义背叛朝廷，拒不受命。德宗命淮西节度使李希烈带兵讨伐。杨炎不同意重用李希烈，认为此人反复无常，因而极力劝阻德宗，德宗很不高兴。李希烈受命掌握兵权后，正碰上连日阴雨，进军迟缓。德宗是个急性子，就去找卢杞商量。卢杞见机会已到，就趁势说："李希烈之所以徘徊，只是因为杨炎还被重用。陛下何必因一个杨炎而耽误了大事呢？不如暂时免了杨炎的相位，使李希烈心情舒畅，这样他就会尽心竭力于朝廷了。至于杨炎，您事后再起用他，也没有什么关系。"德宗认为有理就听信了卢杞的话,免去了杨炎的丞相职务。就这样,杨炎莫名其妙地丢掉了相位。不久,卢杞又进谗言害死了被贬的杨炎。可见,与小人结仇的结果是很可怕的。因此,办大事者一定要切记:千万别与小人结仇。

先给人情，办事后行

让对方知恩图报，心甘情愿地帮你办事是求人的好方法。为此，你不妨先让对方尝到甜头，再提出要求。

法国皇帝路易十四执政期间，挥金如土，造成政府出现严重的财政危机。路易十四为满足其挥霍享用的需要，打算向著名银行家也是自己的老朋友贝尔纳尔借钱，可是遭到了拒绝。于是路易十四左思右想，设下一计。

一天下午，国王从马尔利宫走出来，和经常陪同他的宫廷人员一起逛花园。他走到一幢房子门前停了下来，那座房子的门敞开着，德马雷正在里面设宴款待贝尔纳尔先生。当然，这桌宴席是事先奉国王之命准备的。

德马雷看见国王，急忙上前行礼。路易十四满面笑容，故作惊讶地看着他们说："啊！财政总监先生，我很高兴看到你和贝尔纳尔先生。"国王又转向后者说："贝尔纳尔先生，我的老朋友，好久不见……对了，你从来没有见过马尔利宫吧，我带你去看看，然后我再把你交给德马雷先生。"

这是贝尔纳尔没有料想到的事，他感到能得到国王的邀请非常荣幸。于是，贝尔纳尔跟在国王身后到养鱼池、饮水槽及塔朗特小森林和由葡萄架搭成的绿廊等处游玩了一番。

国王一边请贝尔纳尔观赏，一边滔滔不绝地说了些为达到某种目的而惯用的漂亮话。路易十四的随从们知道他一向寡言少语，看到他如此讨好贝尔纳尔，都感到很惊奇。

游玩之后，路易十四还送给贝尔纳尔一箱非常贵重的葡萄酒，说希望他们的友谊地久天长。贝尔纳尔极度兴奋，答谢后回到德马雷那里，他赞叹国王对他如此厚爱，说他甘愿冒破产的危险，也不愿让这位优雅的国王陷入困境。

听了这番话，德马雷趁着贝尔纳尔心醉神迷的时候，提出了向他借600万里佛尔的要求，贝尔纳尔欣然应允。

这600万里佛尔可不是一笔小数目，路易十四如愿以偿，当然不只是因为他们的朋友关系和国王的面子，而是与他的"糖衣战法"求人策略有很大关系。

中国人重人情、讲面子，"滴水之恩当以涌泉相报"，聪明人运用这一战术，往往能一发命中，而且百试百灵。

因此，在求朋友办事时，尤其是交情不太深厚的朋友，我们不妨先给他点甜头，让对方高兴或欠你个人情，这样他就会全力帮我们了。

第八章 经营人情世故 就是经营人生

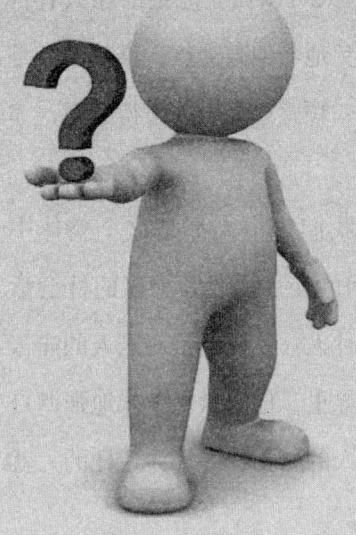

人情世故的本质是人际关系的经营和维护。
人情世故在中国的传统文化中占据非常重要的地位，
被视为一种高尚的艺术和深刻的学问。
人生在世，纷繁复杂，
要走好走顺，需要"经营"。
经营就是用心，经营就是凡事深思熟虑。

不以自我为中心，懂得感恩和付出

　　大千世界，芸芸众生，没有人可以孤立地生活在只有自己的世界里，每个人都在不可避免地与他人交往，谁都不会是世界的中心。对于别人，要常怀一颗感恩之心。懂得感恩，才会懂得付出和珍惜。

　　社会是一个复杂的整体，我们每个人都是这个整体中不可或缺的一部分，人与人之间的交往构成了繁复的社会活动。在你的周围，有没有这样一种人：他们总是对别人的痛苦很冷漠，他们总是活在自己的世界里，他们只是一味地强调自己的感受却很少或从来不考虑别人的感受，等等。这样的人就是人们常说的以自我为中心的人。

　　现如今，独生子女的家庭越来越多，父母以及双方长辈全都围绕着一个小孩，尽心尽力地呵护、宠爱，以致不少孩子养成了任性、骄纵的性格。即使他们踏入社会，在家里养成的"小太阳"的角色也很难转换过来。他们有时候会理所应当地认为，其他人也应该像自己的家人一样，以他们为中心，所有的事情都应以他们为先。对周围人的关怀和帮助也能坦然地接受，但他们不会为别人着想，往往看不起那些条件不如自己的人。久而久之，即使别人不会拒绝与他们交往，他们也会慢慢地将自己孤立起来。

那些时时刻刻将自己放在"中心"位置的人，内心其实是十分孤寂的，他们害怕别人忽略他们，总是过于刻意地将自己置于所有人、所有事的中心，他们只是自私地看到"自我"，殊不知这样的刻意反而会适得其反，看不到别人的人，最终也会迷失自己。

当你不停地埋怨别人不懂得知恩图报的时候，你有没有仔细地想想：这个世界上没有谁对谁的付出是理所应当的，即使是你的父母至亲。因此，当你请求别人帮助的时候，最好不要把头抬得太高；当你接受别人帮助的时候，最好对别人表达自己的感激。但是，当你选择去帮助别人的时候，不要期望一定会得到别人的感激，要把付出与帮助别人当作一种快乐。这样一来，得到别人的感激你会很幸福，得不到别人的感激也不至于很难过。

人的一生何其漫长，只有人与人之间相互协助才可以走得更远、更久。对待别人也好，对待生活中的不如意也好，都要常怀一颗感恩的心，这样才会拥有一个豁达的胸怀，人际关系也才会经营得更好。

感恩是一种道德准则，是一种生活态度，是一种品德修养。在生活中，我们都应该学会感恩、懂得感恩，感谢父母的养育、感谢老师的教导、感谢朋友的关怀、感谢大自然的恩赐。对帮助过我们的人怀有一颗感恩之心,感谢他们让我们感受善良;对伤害过我们的人怀有一颗感恩之心,感谢他们让我们学会成长。感谢社会赐予我们的顺境,让我们体验幸福、快乐;感谢社会赐予我们的逆境,让我们学会坚强、宽容。只有懂得感恩,才会懂得付出;只有懂得感恩,才会懂得珍惜。

2005年的央视春晚,名为《千手观音》的舞蹈感动了所有的中国人,那是由聋哑女孩邰丽华领着20位聋哑演员表演的。邰丽华是位聋哑姑娘,她两岁时,因为高烧注射链霉素失去了听力,从此只能生活在无声的世界里。但她没有怨天尤人,而是依靠自己顽强的斗志、勤奋的努力及从不放弃的拼搏精神,逐渐成长为中国舞坛上的一名新秀,也见证了残疾人敢于超越常人的奋斗奇迹。她还曾以表演舞蹈《雀之灵》被广大观众熟知,她也是中国唯一登上两大世界顶级艺术殿堂——美国纽约卡内基音乐厅和意大利斯卡拉大剧院的舞蹈演员。如今,邰丽华已和一位电脑工程师组成了幸福的家庭。邰丽华在接受采访的时候,曾"告诉"记者她所领悟的生活真谛:"其实所有人的人生都是一样的,有圆有缺有满有空,这是你不能自己做选择的。但是你可以去选择看人生的角度,多看看人生的圆满,然后带着一颗快乐感恩的心去面对人生的不圆满。"

著名的佛学大师慧律禅师曾有言:"尽量以施与代替

取得,来减少心中的欲望。人生没有比这样更好的生活态度了。"如果想要获得真正的快乐,就不要去想别人会不会报答,予人玫瑰,手有余香。

常怀一颗感恩的心,才能懂得尊重——尊重别人,尊重生命;常怀一颗感恩的心,才能时刻发现生活的美好,才能懂得为别人付出,人与人之间的关系才会更加和善、更加美好!

感恩,是人性本善的反映。不以自我为中心,懂得为别人付出、为别人思量,对别人的需要施以援手,帮助别人不求回报,既是我们享受快乐生活之道,也是一种明智而又理智的处世之道,更是一个人提升自身修养的秘诀。

不可过于虚荣与爱面子

虚荣就像是一件五彩斑斓的外衣,华美的不过是外表,不但不会让心灵变得美好,反而会让心灵变质。我们每个人都应该拒绝"虚荣的外衣",不要让浮华遮住自己的眼睛。

战国时期的思想家荀子在其《礼论》中曾说:"人生而有欲,欲而不得,则不能无求。"意思就是说,我们每个人生下来都是有欲望的,欲望得不到满足就不得不去追求。虚荣,就是一股强烈的欲望。人与人之间总会或多或少地存在差距,而这种差距就使得人们无形之中总会与别人进行一番攀比。如果别人不如自己,就扬扬得意、自命不凡;如果别人比自己好,就容易产生忌妒,甚至仇恨心理。

无论是忌妒还是攀比,都会让人们不知不觉地沦为虚荣的奴隶。培根就说过:"虚荣的人被智者所轻视,被愚者所倾服,被阿谀者所崇拜,却为自己的虚荣所奴役。"过于爱慕虚荣的人往往将面子看得很重要,属于"死要面子活受罪"的类型,他们往往喜欢炫耀自己,借此来抬高自己的地位。

我们要理智地对待虚荣心，切不可因为虚荣之心害人害己。虚荣是人的一种心理需要，它具有双重作用：正确地利用虚荣心，将其与上进心联系在一起，就会调动人的工作积极性及工作热情；如果只是一味地为了自己的面子而被虚荣心牵着鼻子走，那么就会给工作及人际关系造成消极影响。

《孟子·离娄下》中有这样一个小故事：在齐国有一个人，家里有一妻一妾。丈夫每次出门，回来时必定是吃得饱饱的、喝得醉醺醺的。妻子问他跟谁一起吃喝，他说都是城里一些有权有势的人。但是，他的妻子却对妾说："丈夫每次出门，都说是跟一些有权有势的人一起吃喝，但是从来没有见过什么有权有势的人到家里来，所以明天我打算偷偷地跟着他，看他都到什么地方去。"第二天，丈夫告别妻和妾，跟往常一样大摇大摆地出门了。妻在后面尾随，看到全城的人，没有一个停下来跟丈夫说话。最后，她尾随丈夫到了东郊的墓地，发现丈夫向祭扫坟墓的人要一些剩余的祭品吃——一家不够要多家，这就是丈夫每天酒足饭饱的方法。妻子回到家，把她见到的告诉了妾："丈夫是我们终身仰望和依靠的人，可他竟然是这样的人！"二人在屋中哭泣、咒骂，丈夫扬扬得意地从外面回来，依旧在他的妻和妾面前耍威风。

虚荣心往往来自自己的需要得不到满足，而过度爱慕虚荣的人也会因过于追求面子上的好看而不顾现实条件，最终不但危害到自己，甚至会危害到身边的人。过于爱慕虚荣的人，内心往往是痛苦的。因为他们只是具有表面的虚荣，才造成了内心的空虚。当表面的虚荣与内心的空虚总是不断地斗争、冲突的时候，虚荣者就会处在既因为自己不如他人而痛苦又害怕真相败露的矛盾中。因此，这类人终归是不会有真正的幸福可言的。

从另一个角度来看，过度的虚荣心其实是一个人选择用不恰当的方式来保护自尊心的一种心态，是为了赢得社会的注意与赞赏的一种不正常的社会情感。而小小的虚荣，是一个人爱面子的表现。从古至今，不论是英雄豪杰还是市井小人，都会对自己的面子十分注重。上面例子中提到的那个"齐人"，就充分体现了市井小人对面子的过分看重。而现今社会，人们对于自尊心的过分维护及爱慕虚荣的现象也屡见不鲜，尤其是在当下的年轻人当中。

顾名思义，"虚荣"就是虚假的荣誉。过于爱慕虚荣，得到的只是一时的、面子上的满足，带来的却是内心的、长久的空虚。虚荣就像是一个华美不实的梦，在梦中，你看似拥有了全世界，醒来才发现，什么也没有。一切不过是镜花水月，梦一场，空一场。既然如此，与其去拥抱一个虚幻的梦，倒不如踏踏实实地努力、真真切切地提升自己，让自己真正地成为更优秀、更厉害的强者！

五彩缤纷的世界,既有精彩也有无奈,我们每个人都要经受各种考验与磨砺。正确地评价自己,客观地看待"面子"问题,远离虚荣,让眼前的浮华之云飘散,明理、务实、自信、自强,才会成长为一个成熟的人。

理智对待他人的不理解

我们航行在生活的海洋中,理智就像指南针,指引着我们感情的方向。生活当中从不缺少误解,如果不幸遭遇别人的误解,那么就应该让理智牵引着我们的头脑,不要一味顺着自己的感情。要知道,有时感情会给予我们最大的欺骗。

我们总是在高呼"理解万岁",总是希望别人能够理解自己的思想、了解自己的苦心。这个世界也需要理解,但是这个世界也总是会有太多的误解。每个人都会有不被别人理解的时候,当面对别人的不理解时,不同的态度、不同的处理方法会反映人们不同的心态及不同的处世智慧。

小的时候,我们做的许多事情都会遭到父母的反对,这时,我们总会朝着他们大叫:"为什么你们不理解我?"那时,我们觉得世界上最痛苦的事莫过于得不到父母的理解。长大之后,我们同样无法避免遇到朋友们的不理解,不过这时候的我们已经明白大喊大叫也解决不了问题,于是我们学会了沉默,但沉默之余还是会感叹:"为什么这么好的朋友也会不理解我?"现在的我们刚刚踏入复杂的社会,许多事情需要与更多的人一起面对，彼此之间意见不统一的情况也会更多地出现。此时，我们的思想及思维方式更加成熟了，我们不会再一味地为自己叫屈，而是更多地在头脑中冷静地思考——也许别人的想法是对的，也许应该偶尔听听别人的意见。然后理清自己的思路，与朋友进行交流、协商，理解朋友也得到朋友的理解，找到最好的、最有效的解决方法。

孔子说过："己所不欲，勿施于人。"我们每个人都希望得到别人的理解，但是每个人被别人理解的程度都是有限的。在我们苛求别人的时候，其实也是对自己苛求；在要求别人一定要理解自己的时候，也要先学会理解别人。

理解，本来就是一个双向的事情。在你要求别人理解你的时候，要首先问问自己，你对对方的理解程度有多少。理解是人与人之间友好相处的理性的桥梁，但我们都应该明白，"理解"并不等同于"了解"，在与人的交往过程中，我们要理智地去认识对方，理性地去了解对方，并懂得"换位思考"，站在对方的角度考虑，这样才能很好地达到心灵上的共鸣。

我们生活的世界需要理解，更不缺少误解。如果由于别人的不理解而造成对自己的误会，也不用太过在意，首先，反思自己，看是不是让人产生误解的缘由在自己身上；其次，站在对方的角度想想，他为什么会误会你。假如别人的不理解产生于我们自身，那就理智地向对方解释、说明，以化解这种误会；而假如是对方以偏概全、偏激的想法造成的误会，那更要理智、冷静地去跟对方沟通，不然这种误会就会越来越深，长久的不理解会导致人际关系的崩溃。

法国作家雨果说过："世界上最宽阔的是海洋，比海洋更宽阔的是天空，比天空更宽阔的是人的胸怀。"不论是亲人还是朋友，或者是陌生人；不论是恶意的误解还是不明状况的不理解，作为不被理解的一个人，我们都不应该让感情主宰大脑，而是应该理清自己的思绪，理智地对待他人的不理解。如果任凭感情做主，那么只会有一种结果：正在气头上的你一定会情绪激烈地与对方理论，甚至发生冲突，而事后冷静下来的你也会碍于面子，不去道歉、和解。这样一来，人际关系只会越来越僵硬，人与人之间的情感桥梁也会断裂、崩塌。

人与人之间不会总是心有灵犀一点通的，不理解的产生在所难免，但是，这并不是不可消除的，关键就在于我们怎样去看待、怎样去解决。当我们无法得到别人理解的时候，心里一定会很苦闷、难过，甚至会产生对自己的怀疑：自己明明用心了、努力了，为什么还是得不到别人的理解？其实，这个时候，自责、自罚甚至怨恨是最愚蠢的做法，也是最没用的处理方法。

遭遇别人不理解的时候，最重要的就是冷静，用理智的态度去思考：为什么会得不到别人的理解？将别人的话语或表现从头至尾、认真地捋清楚，找到自己不被人理解的根源，然后再对症下药，跟对方进行良好的沟通。"有口不能言"的苦楚，"跳进黄河洗不清"的自责，过于激动、暴躁等情绪上的不理智，都会让你如掉进深渊、无法自拔般痛苦。我们总在说"当局者迷，旁观者清"，如果自己对产生的不理解"百思不得其解"，就要找朋友帮忙，也许他们可以给你很好的意见或建议，这样有助于别人对你的理解。

别人的不理解，会给自己造成一定的压力；但在某些时候，这些压力也有可能变成动力。但丁说："走自己的路，让别人说去吧！"既然某些时候别人的不理解我们无法避免，那么如果将过多的精力与时间放在解释与消除误解上，对我们来说只能是消耗精力、增加麻烦、浪费时间。如果你可以确定自己是正确的，那么别人的不理解也只会是暂时的，时间久了，你也一定会证明自己是对的，也一定会得到别人的理解。

有些人一生不被别人理解，但都将这种不理解转化为前进的动力，取得了旁人一生都无法企及的成就与辉煌。被称为"现代艺术之父"的法国著名画家塞尚与有"疯狂的天才"之称的后印象画派代表凡·高，生前都默默无闻，并且不被世人理解，甚至被世人看作"另类"的代表，但在他们死后，不只他们的作品价值不菲，他们的绘画风格也开创了一个流派，他们最终获得了全世界的理解与认可。

理解是人与人之间心灵沟通的桥梁，我们在争取别人理解的同时，也要记得努力去理解别人。如果不幸得不到别人的理解，也不要因为别人的不理解而难过、沮丧，理智地对待别人的不理解，就能化误解为理解、化干戈为玉帛。

共荣共损，要以大局为重

中国有许多家喻户晓的话，如"人心齐，泰山移""上下一心，黄土变金"等，都说明了团结一致、和衷共济对事业成功的巨大作用。的确，办任何一件事，光靠孤军奋战，没有参与者的协同、配合是不可能成功的。一个人可能能力很强、本领很大，但是，用一句俗语说是："浑身是铁，又能碾几根钉呢？"

有一家公司连年亏损，上级部门调查原因，发现其症结所在是因为领导之间不团结、经常闹矛盾，尤其是同级领导之间，互不买账、互不沟通、争权夺利、互相拆台。这样的领导班子，在今天这个竞争日益激烈的社会自然是很难适应的。

由于领导班子不团结，形不成应有的凝聚力，起不到领导核心的作用，使得员工之间也矛盾重重、派别林立。不论是领导还是员工都无法安心工作，甚至有人在外面搞兼职，反而将本职工作放弃了。

上级部门了解到这些情况后当机立断，调整了领导班子。新的领导班子朝气蓬勃，富有开拓进取精神，他们紧密合作，各抒己见，同心同德，心齐力合。当遇到困难时，他们能够协同作战，即使有人对某个问题有不同看法，但只要做出决定便能从大局出发，为共同的目标努力工作。

在这个领导班子的领导下，公司没过半年时间便扭亏为盈，上上下下焕发出前所未有的生机。可以说，上级部门的决定是相当英明的。正是公司新的领导班子的上下一心、同舟共济，才使公司从濒临崩溃的边缘起死回生。

每个组织中都不可避免地存在着人际矛盾，新的领导班子中也存在矛盾，但每个人都能顾全大局，一切从工作的需要出发，一切从做好工作的愿望出发去处理与其他领导的关系。在外界看来，这个公司新的领导班子是有战斗力的，而且即使有对手想动用心计分化他们，也是不可能的。

由此可见，在处理同级关系时，一定要以大局为重，而要做到这一点，就需要注意以下两个方面的问题。

1. 不要只看到同级的缺点

有的人看到同级有缺点和不足就有轻视之心，不愿意与他合作。但他们并没有分析同级身上出现缺点和不足的原因，也没有看到同级身上闪光的地方，便轻易地把他抛弃了。他们没有想缺点人人都有，自己身上也有很多缺点和不足，只是自己没有发现罢了。

对于有缺点的同级，不能随便否定。因为在他们身上也有许多值得别人学习的地方。正确的态度应该是重其长、轻其短，扬其长、隐其短，用其长、化其短，相互帮助，共同提高。

首先，重其长，轻其短。一定要自觉地重视同级的优点，对于同级的缺点和不足不要看得过重，也不必为之忧虑，更不要生厌和不满，这是处好关系的前提。一个人如果从思想上看重了另一个人的长处，便有利于从思想、感情到行为举止上与他接近，有利于对他的缺点与不足在认识上的淡化。反之，若一个人总是把另一个人的缺点看得太重，那么，从思想、感情到行为举止都极易于疏远，势必成为合作共事的障碍。

人的优点和不足是可以相互转化的。长处可以依据一定的条件变成短处，短处也可以依据一定的条件变成长处。与同级相处，如果能够自觉地做到"重长轻短"，便会发挥诱导作用，有利于同级发挥所长，抑制所短。

其次，扬其长，隐其短。对于同级的长处要认真学习，对于同级的缺点和不足要加以回避和保留。不表态、不附和，在客观上就是对同级的提醒。别人提及同级的缺点和不足时，既不要添言加语，也不要明确表态。如果同级自己有所觉察，出于真诚征求意见，在场合适宜时，可以在肯定其长处的基础上提示性地进行说明，或者简单而委婉地表达自己的看法。提示同级注意缺点是对同级的真诚关心和支持，但克服缺点要靠他自己的悟性和努力去解决。关注同级克服缺点是对的，但是要有耐性，不要操之过急。

最后，用其长，化其短。对于同级的长处，要多做宣传，"推波助澜"，使其尽力发挥；对其短处和不足则要采取比较巧妙的方法加以化解或疏导。比如，对于粗心的同级，要用自己的细心去弥补其工作中的疏漏，使其悟出这些错漏的原因，自觉地、逐渐地克服缺点。对于缺点比较严重、危及相互关系的同级，也不要急躁，更不能"一棍子打死"，而要讲究计谋，既减少对事业的危害，也要保持相互合作的关系。

总之，对于有缺点的同级，不能视而不见、弃之不顾，这样只会使同级之间离心离德，危及事业。正确的做法是团结他们，化消极为积极，携手前进。

2. 积极配合同级的工作

做任何一项工作，都要有一个主要负责人。之所以需要有一个主要负责人，是因为责任落实到某个人头上，便可极大地调动他的工作积极性，发挥他的主观能动性，使他将工作干得更好，同时也能极大地提高工作效率。另外，如果工作出现纰漏，上级也可以很容易地找到责任人，及时纠正错误。

一项工作不可能有几个主要负责人，如果有，那也是很不合理的。因为一项工作由几个人负责，会产生相互扯皮的现象，从而大大降低工作效率。一般的做法，是由其中一个人负主要责任，其他人协同配合、分工负责。负主要责任的人一般对这项工作很了解，即使不是对每个细节都了如指掌，但起码也能有个总体了解，或者这个人做过这项工作，很有经验。这些都是领导在布置工作任务时所要考虑的。

因此,如果领导给你和你的一位同级布置了一项任务,让你们共同去做,而且要你的同级负主要责任,让你协助他的工作,那么你千万不要有什么想法。

领导让你的同级负责,那就肯定有他的理由或者是同级对这方面有较多的了解;是他有经验或者是他在领导面前较多地展露过才华;等等。总之,同级比你更适合担当大任,这不是因为上级偏心,也不是上级用人不明,而是出于对工作的考虑。

因此,你应该放下思想包袱,不要因为做了同级的助手而感到难为情或者心怀不满。相反,你要与他紧密配合、尽力而为,尽量将工作做得圆满。

同级与你研究问题,你要知无不言、言无不尽。对于同级不正确的看法或决定,你也要及时指出来加以讨论。同级交给你的任务,你要按时保质保量地完成,不要扯同级的后腿,更不能挖他的墙脚。要知道,你与他上了同一条船,那就只能同舟共济了。工作出了问题,不仅是同级的耻辱也是你自己的耻辱。你与同级是"一荣俱荣,一损俱损",因此只有同舟共济,才能达成双赢。

淡化矛盾，多修路、少拆台

同级之间最怕互相拆台。本来很有可能办好的一件事情，有人拆台，结果办砸了；本来眼看就要成功的事情，有人拆台，也功败垂成了；本来就没有多大成功希望的事情，有人拆台，那结果更是可想而知了。拆台不仅会把所做的事情搞砸，而且会使被拆台的人颜面丢尽，不仅会引起上级领导的不满，而且会使他在下级面前威信尽失，使今后的工作更加难以开展。

某公司人事部最近新来了一位经理，工作认真负责，下级对他也很尊敬。但是，有一次在工作接触中，业务部王经理不经意地向人事部的一位秘书透露了一个消息：人事部经理是某董事的亲戚，否则，按照他的资历根本不可能坐上经理的位置。言谈之间，王某流露出颇为不屑的神情。这个消息在人事部很快传开了，那位新经理却毫不知情，仍然像往常一样工作，他只是觉得下属对他的态度似乎有所改变。下属以前见到他总是热情地主动打招呼，现在却躲着走了，尤其是资格较老的几位副经理，言谈举止间颇有些不敬之意。以前他每下达一项命令,总是能够得到很好的贯彻执行,但现在"阳奉阴违"的现象时有发生,工作布置下去却往往不能很好地完成,甚至有人当面提出反对意见,使他在面子上很过不去,工作阻力越来越大。后来,他了解到这些变化都是由王某的一句话引起的。通过这件事情,这两位经理之间不能形成良好的工作关系,工作效率的降低是显而易见的。

拆别人台的人,也必然遭到别人反拆台的报复,这就形成了恶性循环,最终的结果只能是两败俱伤。

拆别人台的人,必然不会有好人缘,因为在别人眼里,你不够光明磊落,而是一个喜欢给人"下绊子"的"小人",不仅同级领导对你不满、不愿与你合作,就是上级甚至自己的下级,也不会喜欢拆台的人。上级需要自己的下级精诚合作,有大局观念,这样才能把他布置的任务很好地完成,如果下级之间相互拆台,交代的任务不能完成,那怎不令他头疼呢?对于自己的下级来说,他们也喜欢自己的领导做一个正人君子,而且,喜欢拆台的人也不会干出什么大事业。

因此,要想处理好与同级之间的关系,就不要做喜欢拆台的"小人"。不但不能拆台,而且要想办法补台,给同级打圆场、争面子,支持他把工作搞好,这样也就等于给自己争取到了一个同盟军,何乐而不为呢?要知道,冤家宜解不宜结。

现实中,同级同事在一起工作,往往因为在某些问题上意见、态度、看法不一致而发生分歧、矛盾。回避这些分歧和矛盾是不行的，但如果处理不当也会形成隔阂，影响彼此的关系、影响工作的开展。所以，同级之间要顾全大局，要从维护团结的愿望出发，坚持做到"是非问题论清楚，一般问题不在乎"。对涉及大是大非的问题，一定要坚持原则，不妥协、不回避、不让步，但又要讲求方式方法，避免言辞激烈、伤害对方的感情，还要注意不要把矛盾公开化，把同级之间的隔阂扩展到上级和群众中去。对无关紧要、不涉及原则问题的小事，应采取不细究、不计较的态度，对己严，对人宽，谦和忍让，得饶人处且饶人，要做到这些，应从以下三个方面着手。

第一，治人与治己相结合。同级之间产生隔阂，有多种原因，既有自身的原因，也有对方的原因，还可能有"第三者"的原因。因此，要消除隔阂，作为矛盾的双方，都应该先从"治己"开始，调节自己的情绪，控制自己的感情，寻找自身的原因，确定消除隔阂的最佳方式。即使造成隔阂的主要原因在对方也应如此。因此，治己既是治人的前提，又是治人的策略。在多数情况下，做好治己，就能产生强烈的"治人效应"，进而使隔阂得到消除。相反，如果一味地把责任往别人身上推，只"治人"不"治己"，就会引起对方的反感，使对方产生逆反心理。但这样做并不意味着对对方做无原则的迁就。在大是大非的问题上要坚持原则，该"治人"也要治，在小节上无须计较，使治己与治人巧妙地结合起来。

第二，回避与等待相结合。同级之间产生隔阂是常有的事，只要双方都出于公心、没有个人的私怨，心胸都比较开阔，即使争执起来，也不难和解。但是，社会生活是复杂的，同级之间的隔阂也会引起个人私怨甚至可能发生冲突。当同级之间的隔阂比较严重，并且一下子难以解决时，应暂时回避一下。暂时回避，表面看来似乎是消极的，其实不然。特别是对方成见比较深时，暂时回避，本身就能起到冷处理的作用。回避不是逃避，而是为了不让隔阂加深，在回避中等待解决隔阂的时机。等待，不等于放弃。任何事情，都要给人留有一定的思考和选择的时间。采用"进退法"，效果往往并不好。同级之间的隔阂，常常在回避与等待中自然化解。所以，回避与等待是处理同级关系的一种艺术。当然，什么样的矛盾与隔阂应该回避与等待，还需具体问题具体分析。

第三，求同与存异相结合。对于同级之间的隔阂，可以采用求同存异的方法加以解决。比如存异法，是在相互之间，暂时避开某些分歧点，求得某种共同点，以达到消除隔阂的目的。心理学研究表明：人和人之间求得某种认同，就会相互之间在心理上产生"自己人"效应，在此效应下，人和人之间的隔阂就容易消除了。而心理学中的认同，其方式之一就是生活中常讲的求同存异。在工作中，具体的求同存异方法有以下三点：

一是寻求过去交往中的共同点，如共同的兴趣、共同的爱好、共同的观点等。当同级之间产生隔阂时，善于回忆或寻找以往相互交往中的共同点，可以增加彼此的亲近感，从而淡化相互之间心理上的隔阂。

二是寻求现实交往中的共同点，如现存的共同利益、共同责任、共同目标。同级之间在寻找到这些共同点之后，就会自然产生一种顾全大局的心理，也就是产生一种求同存异的感觉和要求。在这种心理和要求的作用下，同级之间就会淡化冲突意识，使隔阂逐渐消除。

三是寻求未来交往中的共同点。在同级交往中，寻找未来交往中的共同点，如未来的共同命运、共同前途、共同合作关系，也会使同级之间的矛盾冲突减弱，使隔阂清除。

而要做到这些，关键的一点就是要胸怀宽广，主动寻找消除隔阂的办法和途径，而不要挟私报怨，扩大矛盾，加深隔阂。

投桃报李，争取双赢局面

与同级相处，大体可以分为这样四种模式：一、我输你赢，即我不好，你好；二、我赢你输，即我好，你不好；三、双方皆输，即我不好，你也不好；四、双方皆赢，即你好我好，大家都好，即希望我好你也好，如果办不到，那就放弃。追逐双赢，是同级相处最圆满的结局。

虽然除了双方皆赢，其他几种模式都不好，或不够好，但也不宜做绝对的否定。某些特定情况需要选择我赢你输、我输你赢及其他模式。如参加某些人才选拔的活动，就要我赢你输。如果大家都不想争第一，那竞争还有什么意义？但这种争夺仅仅是在分数和名次上的，并不是整个人的输赢。这在商战中并不少见，但这仅仅是处理问题的策略而已，也不是根本上的我输你赢。在绝大多数情况下，最佳选择只有一个双方皆赢，其他的选择都行不通，至少是效果不太好。

与同级相处不容易，若想做到双方皆赢更不容易。但除了敌对性的冲突外，我们若想与同级建立和发展良好的人际关系，只能迎难而上，坚定不移地选择双方皆赢。因为只有这样的选择才合乎规律、合乎自我实现的需要，也合乎市场经济所决定的现代社会关系法则。

市场经济不是有竞争性吗？竞争怎么可能双方皆赢呢？不错，市场经济是竞争的，确实存在优胜劣汰，但生活的本质、人际关系的本质并不是竞争的，而是以相互依存为根本的。在事业上的成功，都是贯彻平等互利的原则和坚持双方皆赢的方针的结果。损人利己者虽然一时得逞，但从长远来看，他因小失大，还是要失败的。

在现代社会中，比较典型的主导意识与策略大体有两种：一是"鹬蚌相争"，二是"吴越同舟"。"鹬蚌相争"的特征是竞争的双方你争我夺、互不相让，非要分个高低胜负不可，最终造成两败俱伤、"渔人得利"的结果。这种"鹬蚌相争"的事情在同级之间并不少见，不论是我赢你输还是双方皆输，对于处理相互关系、树立各自的信誉和形象都是很不利的。

"吴越同舟"是一种竞争双方的合作，既是对手又是朋友的最佳选择，也是一种最明智的竞争策略，而且也体现了公共关系的意识。这样做，一方面可以与同级友好相处、公平竞争，避免因伤害对方而招致对方的暗算；另一方面，这种真诚友善、团结合作的态度还可以优化企业的形象和声誉，争取到更多外部公众的认可。

要想在工作中真正与同级达成双赢，我们就需要注意以下三个方面的问题。

1. 与同级分享成功的机遇

有些人总担心机遇错过了不会再有，对自己是否还能够争取到下一次机会颇有疑虑，因此机会来了便想不失时机地抓住，非要与同级争个高低上下不可。其实，这是一种缺乏自信心的表现。在这些人的潜意识中，总有一种感到自己不如对方的消极心态，而这正是阻碍他们选择双赢目标的内在危险。

这种消极心态对于自由平等意识和良好的人格具有极大的腐蚀和破坏作用，自然会使有些人在与同级相处时抱有偏执态度。

那么，有什么方法能够消除这种心理呢？唯一的"药方"即自信自爱、心态积极。若指望与同级之间差别很小甚至没有差别，这是必然落空的想法。无论现实环境变化多大，每个人都有自己的价值和能力，并拥有他人不可能拥有的东西。只有你敬重自己，别人才会同样敬重你。这是一个自强和行动的时代，而不是抱怨和失落的时代。没有这种积极的心态与行动，也就不可能在人际交往与关系上自觉地选择与贯彻双方皆赢。一个不能主宰自己、赢得自己的人，哪里还有心思和兴趣去追求双方皆赢呢？

有些人，在职务升迁、加薪时，总是像抢"馅饼"一样奋勇向前，唯恐落后。他们的观念是：一方得益，必然导致另一方相应受损。只有争取我赢你输，而不能考虑双方皆赢。其实，这是一种很不健康的心态。在心态积极的人看来，现实当中存在许多机会、许多好处。这种人因为不愁没有机会，便愿意与他人分享机会、收益、荣誉、地位和权力，甚至有可能为别人提供各种有利的可能和选择，如果自己处境不利，也能去寻找和创造机会。他们能抛弃那种认为一方得益必然引起另一方相应受损失的观念。

实际上，一个人或一项事业的成功，并不意味着非要造成别人的失败不可，因为真正的成功是战胜自己，而不是战胜别人。真正的成功意味着一个人在与他人的相互影响方面取得了成功，使每一个相关的人共同获益。

如果你对自己有足够的信心，如果你深信在你前进的道路上还有许许多多的机遇等着你，那么，你不妨将某次机遇让给其他同级，助他成功。这不会对你造成不好的影响，相反，你取得成功的可能性会更大，因为你得到了"人和"。

2. 真诚为同级叫好

在与同级相处时，我们有充分的理由选择并坚持双方皆赢的原则，但实际上，许多人做不到这一点，即使对于比较亲密的同级，本来有这样的愿望，但实际上也做得不够好。难道这个要求太理想了吗？不，这是切实可行的利己与利他的协调统一。那为什么要真正做到很难呢？因为最佳选择必须有最佳心态。有许多人心态不积极、不开放，活得太累、太烦，连为别人高兴一下都不容易，怎么能选择贯彻双方皆赢的原则呢？

也许有人会问："我为同级高兴一下有什么用？"不

错,你为同级高兴一下,欢呼一声,鼓几下掌,没人会给你发奖金,你自己的烦恼也不会因此而消失得无影无踪。提出这样疑问的人,大概没有尝试过心态积极的好处和甜头。那么,请问你听一支优美的乐曲,或者和哥们儿随意地闲聊一会儿,或者读了一本使你感兴趣的书……这类平常的小事有什么用?孤立地看这些事情,谁也说不清有什么用,但从这些小事上所反映出来的心理态度、生活方式、行为习惯和言谈举止,却具有决定你命运的作用,也代表了你的交际能力与水平。

选择和实行双赢原则,必须有积极的心态和人格魅力。当你的同级取得成绩或得到提升时,你不妨在他面前表示一下你的喜悦,真诚地为他叫声"好",相信不论是对方还是你自己,都会受益匪浅。

3. 投桃报李,相互友好

有一个耳熟能详的故事:

有个年轻人骑马赶路,天色已晚,但还没有寻找到旅店。他正着急时刚好碰到一个老者。他在马上喊:"喂,老头儿,附近有旅店吗?还有多远?"老者说了声:"无礼!""五里?"他以为不远,便猛加几鞭,朝前跑去。可他跑出十几里,也不见人烟,越想越不对头。他猛然醒悟过来,拨转马头又往回赶。他见那位老者还在路边,急忙下马,诚恳道歉:"老人家,请您原谅,我刚才太没礼貌了。请您告诉我,附近有旅店吗?"老者笑了:"年轻人,知错改错就好,我也不该让你白跑路。找旅店的路口你已经错过了,如不嫌弃,今晚就到我家住吧!"年轻人听后,满心欢喜和感激。

这个故事虽然简单,却有着深刻的道理。

这就是投桃报李、相互友好、达成双赢。由此可见,人与人之间的情感是由人际交流产生的,它是人际交流的一种效应,因而也就必然随着人与人的相互刺激与交流的变化而变化。

从客观上讲,真正的感情只有在"投桃报李"的基础上才能产生和增进,因为感情是一种双向交流的效应,自古以来的"士为知己者死"的说法,不就是"投桃报李"的效应吗?

而与同级的关系,也是需要遵循"投桃报李"的原则的。

当年,某学院博士马某在寻求体现自身价值的职业时四处碰壁,一天,他抱着最后的希望来到某公司求职,没想到技术部经理毫不犹豫地接收了他。问及待遇时,马某说:"在大学里我是讲师,在这里没法太低。另外,我有失眠的毛病,请考虑为我安排一个单间。"技术部经理应允下来,并逐一落实。后来,马某凭自己的才能与实力,被公司任命为某部经理,并与技术部经理一起负责一项技术改造。这时,另一个公司的老板找到马某,说如果马某能到他那里去,年薪20万元,还给他配备高级轿车。同时,他还告诉马某他的公司永远为他敞开大门。马某没有答应那位老板的请求,因为他觉得自己一旦离开,技术部经理必然难以独立完成技改项目,他不愿让这位对自己有"知遇之恩"的同事过于难堪。

是什么东西把马某的心留住了呢？不是物质刺激的力量，而是他在公司里体验到的相知的感情。你对别人"投之以桃"，别人也会对你"报之以李"。双赢的结果，往往就是这样得到的。